JN069119

社会につながる国語教室

開拓社
言語・文化選書
92

社会につながる
国語教室

文字通りでない意味を読む力

菅井三実 著

開拓社

は じ め に

　本書は，主として小学校での国語科の指導内容を考えるにあた
り，将来社会に出て生活していくときにどのような国語力（日本
語力）が必要かという観点から，〈文字通りでない意味〉を読み
解く力に焦点を当て，具体的な素材を提供しつつ，その意義と汎
用性を理論的に解説することを目的とするものです。そもそも，
小学校での国語科というのは，一方では基礎的で普遍的な知識や
技能を身につけるという教養的な側面をもち，他方では卒業後に
現実の社会生活の中を生きていくための日本語力を育成するとい
う実用的な側面を持ちます。後者の意味において，国語科教育
は，現実の社会における日本語の実態や運用を踏まえて内容が立
案されなければならないはずですが，国語科の教育内容には一般
社会における実際の日常生活とかけ離れたものも見られます。こ
れに対して，社会の実生活の中で生きていくために小学校でどの
ような国語学習が取り扱われなければならないかという観点から
汎用性の高い学習を実現しようというのが本書のスタンスです。
社会の中で必要とされる具体的な国語力を本書一冊で網羅的に取
り上げることは現実的に不可能であるとしても，その一つに，
〈文字通りでない意味〉を読み解く力というものが挙げられるこ
とは間違いないと思います。〈文字通りでない意味〉というのは，
表面的で直接的な〈文字通りの意味〉を手掛かりにして間接的に
導かれる非明示的な意味であり，〈隠れた意味〉あるいは〈本当

に言いたい意味〉と言ってもいいでしょう。そもそも，国語の時間でも日常生活でも，明示的な〈文字通りの意味〉を読み取るだけであれば決して難しいことではありません。むしろ，問題は〈文字通りでない意味〉をどのように読むかが重要なのであって，国語科で意図的に取り上げなければならないものと思われます。

　極端に言えば，言語表現というのは〈文字通りでない意味〉を推論するための手掛かりに過ぎません。発話者は，言語表現によってすべてを語り尽くせるわけではないからです。言語表現から，直接的な〈文字通りの意味〉だけでなく，その裏にある〈文字通りでない意味〉を読み取ることを通して，物語読解（narrative reading）における心情を理解する力を高めると同時に，対人コミュニケーション（interpersonal communication）の中で他者の意図を理解する力を高めようという点で，物語読解と対人コミュニケーションを一元的に扱う枠組みを示していくつもりです。その中で，特に，物語読解における心情理解に想像力を発動するという現在の国語科教育に特有の指導手法に批判的な検討を加えますが，本書に，心情理解の重要性を否定する意図はありません。国語科教育で流通している想像力という常套的な手法を封印し，一般社会での日常生活につながる汎用性のある方法に置き換える必要性を主張しようというものであります。

　本書のタイトルに挙げた「社会につながる」というフレーズは，学校で学習する内容が学校の中だけで終わることなく，一般社会に出たときにも通用するものであるためにはどうしたら良いかという観点を反映させたものです。また，副題に付けた〈文字通りでない意味〉は，実は日常生活の中でも普通にみられるものであ

り，このことが，まさに〈文字通りでない意味〉を国語科で扱う理由にほかなりません。小学校で学ぶことが一般社会での生活でも通用するということは，その途中で経験する中学校や高等学校でも本書で述べる考え方は同じように通用するということでもあります。とりわけ，第2章や第3章の内容は中学生や高校生も興味深く聞いてくれるとのことであり，第6章の内容は高等学校の先生方に引き継いでもらいたいと思うところでもあります。その意味で，小学校の先生だけでなく，中学校や高等学校の先生方のほか，学生の皆さんや一般の大人の方々にも，ぜひ本書に目を通していただければ，きっと〈文字通りでない意味〉の遍在性を理解していただけると思います。

　全体の構成としては，第1章で，読解の基本スキルが〈文字通りの意味〉から〈文字通りでない意味〉への推論にあることを述べ，第2章と第3章で，そのような現象が一般社会の日常の中に遍在していることを例証します。その後，第4章で再び国語科における教材の読解に話を戻します。第5章と第6章では，それぞれ，書きことばと話しことばを取り上げます。

　なお，本書の出版にあたり，開拓社の川田賢氏に手厚いサポートを頂戴しました。記してお礼申し上げます。

　2021年7月

菅井　三実

目　次

第 1 章

社会の中の国語力と学校の中の国語力

　学校での学習は，国語科に限らず，当然，一般社会で生きていくための基礎的能力を築くためのものであるはずです。ところが，学校における「国語」の学習は，一般的な社会で使っている「日本語」の実際と異なるところがあるように見受けられます。この第1章では，学校社会における国語科の学習について，学習内容や学習方法の汎用性や妥当性を検討します。

1.　国語で何を教えるか

　「国語の学習」と聞いて，どんなことを思い浮かべるでしょうか。漢字の学習はもちろんのこと，文章の読解や作文を思い浮かべる人も多いでしょう。国語科で「何を教えるか」という問いに答えるには「教えるべきものは何か」という問いと同時に，「教える必要のないものは何か」という問いをも考えることになります。

　教える必要のないものは何かという問いについて言えば，そもそも日本の初等中等学校における国語科は，「日本語」という外国語科目として設定されているものではありませんので，学校で習わなくても自然に覚えるようなものは積極的に教える必要はありません。たとえば，日本語の文法で，日本語がSOV型の言語であるとか，格助詞が名詞の後ろに付くとか，あるいは，「泳ぐ」という語が品詞としては動詞であるとか，その連用形に接続助詞の「て」が続くと，「泳ぎて」ではなく，イ音便化して「泳いで」

になるというようなことは，あえて積極的に教える必要はないことになります。「泳ぐ」と「て」をつなげて言うとき，「泳ぎて」などと間違える人は普通いないからです。

　逆に，自然に身につかないものとして学校で教えるのは，たとえば，ひらがな・カタカナ・漢字であり，ひらがなやカタカナは読み方や書き方を系統的に教えなければなりませんし，漢字は読み方や書き方のほか，意味や使い方も教える必要があるでしょう。たとえば「泳」という漢字があって，訓読みでは「泳ぐ」と書いて「およ・ぐ」と読むとか，音読みでは「エイ」と読むということのほかに，この漢字に含まれる部首「さんずい」が水に関係する字に含まれるということは，自然に身につくものではありませんから，体系的に教えなければなりません。このような学習は，国語科に限らず，当然，一般社会で生きていくための基礎的能力を築くためのものであり，学校教育で学習する内容が一般社会で通用するものでなければならないという大原則に合致します。ここで確認しておきたいのは，言うまでもなく学校社会というものが一般社会の一部であって，次のように表される関係にあるという点です。

図1

この図1が表しているのは，学校社会が一般社会の中にあるという関係であり，学校社会は一般社会の，いわば真部分集合になるわけですから，学校社会で通用するものは一般社会でも通用しなければなりませんし，逆に，一般社会で通用しないものは学校社会で積極的に取り上げる意味はないわけです。このことは，どの教科でも同様です。図1が表す関係に従うと，国語科で身につけるべきものは，一般社会を生きるのに必要となる（広義の）日本語力であり，一般社会で活かすことなく学校の中でしか通用しないものは積極的に教えるには及ばないということになります。

　では，現実の学校では，国語で何を教えることになっているのでしょうか。学習指導要領に国語科の「目標」というものが定められており，次のように記述されています。

言葉による見方・考え方を働かせ，言語活動を通して，国語で正確に理解し適切に表現する資質・能力を次のとおり育成することを目指す。

   (1)　日常生活に必要な国語について，その特質を理解し適切に使うことができるようにする。

   (2)　日常生活における人との関わりの中で伝え合う力を高め，思考力や想像力を養う。

   (3)　言葉がもつよさを認識するとともに，言語感覚を養い，国語の大切さを自覚し，国語を尊重してその能力の向上を図る態度を養う。

これが学習指導要領（平成 29 年告示）で定められた，全学年共通の国語科の目標です。(1)–(3) において，それぞれ「知識・技能」「思考力・判断力・表現力等」「学びに向かう力・人間性等」に関する目標ということになっています。これを見て分かるように，世間一般に期待されるような「難しい文章を読めるようにする」とか「論旨明快な文章を書けるようにする」というようなことは具体的に書かれていませんが，それは「国語を適切に表現し正確に理解する」の部分に含まれると考えていいでしょう。むしろ，それに続く部分の方が長く重大であり，そこには，①伝え合う力を高め，②思考力や想像力及び言語感覚を養い，③国語に対する関心を深め国語を尊重する態度を育てる，とあります。「伝え合う力」というのは，教育行政に固有の用語で，およそコミュニケーション能力と重なる部分が多いのですが，そこには，児童生徒同士の中で相互に成長を促すといったことまでが求められるようです。②では「思考力や想像力及び言語感覚を養う」といい，③では「国語を尊重する態度を育てる」とあり，こうした記述から，国語科教育が単なる国語（日本語）という言語の教育ではなく，感性の向上や豊かな人格形成をも視野に入れた全人教育の一環でなければならないという高い志がうかがえます。

　このような目標のもと，国語科における文学教材の授業においては，物語全体の流れを理解することや重要な場面を詳しく読むといった指導も行われますが，一方で，学習者自身が個人的にどのように感じたかとか，学習者と登場人物の間にどのような類似性が見られるか，というような，物語を学習者自身と結びつけようとする非常に特異な傾向が見られます。たとえば，国語科の授

業の中で，次のような指導が実際に行われています。

(1)　この話には9つの場面があります。自分が気に入った場面を一つ挙げて，その理由を述べましょう。また，そのことについて，みんなで話し合いをしましょう。

(2)　主人公の少年と自分の経験と比べて，同じところや違うところを考えてみましょう。

(1) では，教材という客観的な対象に対して「気に入った部分」という主観的な好みを選んだ上で，その理由を挙げ，それを複数の児童との間で「話し合う」という形をとっております。客観的な対象としての教材と読者の個人的な主観を合わせていることと，そこに第三者が加わるという点で，ポイントがぼやけているように見えます。同様に，(2) でも，物語の中の非現実的な「登場人物」と現実世界を生きる「自分」を比較する形になっており，生きている世界が異なる人物を比較させるところに無理があるように思われます。

　(1) や (2) のような問いかけ（発問）は，学校という組織的な教育機関で行われるアプローチとして個人的すぎるように見えますが，実は国語科の授業の中では一般的に見られる普通のスタイルであって，決して特殊な風景ではありません。このような問いかけによって，教材の内容を踏まえて児童が内省するという点で，むしろ肯定的に理解している教員も多いようです。しかしながら，一般社会の観点から見ると，(1) や (2) のような問いかけは国語科に固有の特殊な発問であって，その特異性は他の教科に置き換えることで明確に浮かび上がってきます。仮に，(1) を

算数科（数学科）の時間で問いかけた場合，あるいは，（2）を社会科の時間で問いかけた場合を想定すると，それぞれ，次の（3）や（4）のような問いかけ（発問）ができてしまいます。

   （3）　「1」から「9」まで9つの自然数があります。自分が気に入った自然数を一つ挙げて，その理由を述べましょう。また，そのことについて，みんなで話し合いをしましょう。

   （4）　織田信長と自分の経験と比べて，同じところや違うところを考えてみよう。

（3）のように，自然数の中から主観的な好みを選ぶというのはナンセンスのように見えますし，（4）のように，歴史上の人物と現実世界の自分とを比べるのも生産的な問いとは思えません。およそ，（3）や（4）のような発問が算数科（数学科）や社会科の時間で与えられることはないでしょう。（1）や（2）のような問いかけは国語科の中で一般的であっても，（3）や（4）のように相対化することで，その特異性が浮かび上がってくることが分かると思います。[1]

　二つ目に，国語科授業の特徴として，登場人物の心情を読み取ることが中核的な学習の一つになっていることが挙げられます。実際，国語科の授業で「このとき登場人物の○○さんは，どんな

---

[1] 本当に心の響く魅力的な作品であれば，映画であれドラマであれ，登場人物と自分を自発的に重ね合わせることは多くの人が経験することでもあり，（2）のように，登場人物と自分との異同を他者から誘導されなければならないような物語は，むしろ魅力に欠けるということもできるわけです。

気持ちだったでしょう」とか「登場人物の気持ちを考えてみよう」というような問いかけが聞かれます。このような登場人物の心情を読み取るような学習に問題があるとすれば，(i) 答えを見いだす具体的な技法を身に付けたという実感がもてないこと，(ii) 心情読解の学習が卒業後の自分にとってどのような役に立つのか実感できないことにあるのではないでしょうか。この問題に対する本書のスタンスとして，(i') 心情を読み取るとは，直接的に書いてあること（明示的な意味）から直接的に書かれていないこと（非明示的な意味）を読み取ることであって，その手法は練習が可能であり，(ii') 心情読解の学習は，卒業後の自分にとって対人コミュニケーション（interpersonal communication）や日常の言語運用に役に立つことを本書の全編にわたり主張していきたいと思います。

　☞ 学校社会は一般社会の一部であって，学校社会で学ぶものは一般社会で通用するものでなければならない。

2.　推論としての読解

　一般に，言語教育においては「話す」「聞く」「書く」「読む」という，いわゆる4技能が認識されており，当然，バランス良く扱われるべきものではありますが，国語科では，圧倒的に「読む」に多くの時間が費やされています。では，国語科において「読む」という学習とはどういうことなのでしょうか。たとえば「さくらがさきました（桜が咲きました）」という文があるとき，

ただ単に「さくら」という木が開花したという植物的な意味であるなら，（1）文字が読めて，（2）それぞれの語（単語）の意味がわかり，（3）文要素間の機能的な関係（主語と述語の関係等）がわかる，という条件が揃えば基本的に文全体の意味を理解することは難しくありません。これを音読することを求める場合でも，発声器官を使って，文節を崩すことなく音声にすることができればよく，適宜，音量やスピードを調整すれば「音読できる」と言ってよいかと思います。

　このような単純な文を〈文字通りの意味〉で読むのであれば，何も難しいことではありません。しかし，「桜が咲きました」という文も，別の読み方をすることが可能です。すなわち，一年の時間推移の中で「春が来た」という季節の移り変わりを意味していると解釈することもできますし，文脈によっては「入学試験に合格した」あるいは「努力が報われた」という意味で解釈することもできるでしょう。物理的に「桜の開花」という直接的な意味を〈文字通りの意味（literal meaning）〉と呼ぶならば，「春の到来」や「合格」という意味は表面的には表されておらず，間接的に読み取られるものであり，直接的な意味とは異なるという点で，本書では〈文字通りでない意味（nonliteral meaning）〉と呼ぶこととします。ここでいう〈文字通りでない意味〉の読み取りは，ある程度は学習者（児童生徒）の経験的な知識によって可能かもしれませんが，学習者の経験を越えるものについては指導者（教員）による体系的な学習指導が必要になります。このような〈文字通りでない意味〉を導く営みは，「推論（reasoning）」という思考作用の一つであり，感性や想像力とは一線を画すものであ

ります。[2]

　その「推論」とは，論理的な思考の一つで，およそ「正しいと想定される既知の知識を利用して，新しい知識を導く手続き」をいいます。平明に言えば，「分かっていることを利用して，分からないことに一般性のある見当をつける」となるでしょう。「一般性のある」という言い方をしたのは，ある程度の一般性がなければ，他者と共有することができないからです。次の例を見てください。

図2　　　　　　　　図3

図2には，指に包帯を巻いている様子が見られますが，ただ包帯を巻いているだけはなく，通常，包帯の下に何らかの怪我をしていると理解されます。また，図3には，黒い雲が広がっている様子が見られますが，経験的に，そこから「やがて雨が降るだろう」という予想が導かれます。重要なことは，図2には明示的に怪我が描かれているわけではありませんし，図3の中に雨は見られないということです。もちろん，ファッションか趣味で，

---

[2]　意味論の用語で言えば，ここでいう〈文字通りの意味〉は「明示的意味（denotation）」であり，〈文字通りでない意味〉は「言外の意味／暗示的意味（connotation）」にあたります。〈文字通りの意味〉と〈文字通りでない意味〉は，一方だけでなく，両方理解できるようになることが肝要です。

怪我もしていないのに指に包帯を巻くという人もいるかもしれませんが、それが、上述の「一般的」と理解されない限り、推論で導かれる解釈にはなりません。図3についても、特に気象現象は予測通りにならないこともあるわけですから、黒い雲が広がった後に雨が降ることなく青空に戻るということがあっても、一般的な推論としての妥当性が失われることにはならないわけです。

　ここで挙げた図2や図3のように視覚情報に基づく推論と同様のことは、言語表現の読解にも言えます。図2や図3のような視覚的な情報を言語表現に転換したものが次の（5）です。

　（5）a.　指に包帯を巻いている。

　　　 b.　黒い雲が広がってきた。

（5a）と（5b）について、それぞれの〈文字通りの意味〉は、図2や図3ですから、読み取りが難しいということはないのですが、〈文字通りでない意味〉は、それぞれ、（6a）と（6b）のように解釈されることになります。

　（6）a.　指に怪我をした。

　　　 b.　まもなく雨が降り、雷も落ちるだろう。

（6）は、いずれも（5）には直接的に書かれていない意味であり、（5a）や（5b）のような明示的な意味から（6a）や（6b）のような非明示的な意味を読み取るのが推論ということになります。ただし、このような推論が常に的中するわけではないことは、図2や図3の場合と同様です。

　ところで、私たちが生活している一般社会の中で、情報という

ものは常に不十分で不正確なものであります。不十分というのは欠けている部分があるということであり，不正確というのは内容や表現が多義的であったり間接的であったりするということです。もし仮に，情報が十分で，かつ正確な文章があるとすれば，学術論文と呼ばれるものを挙げることができるかもしれませんが，論理的にも完璧な学術論文などというものは，いわば一部の人だけが書くものであって，一般社会で誰でも書いたり読んだりするものではありません。普通の人が書く文章というのは，多かれ少なかれ情報が不十分で不正確なものなのであって，それを読む人も，不十分なところを補いつつ，不正確なところを推論しながら読んでいくというのが実態でしょう。新聞においてさえ情報は十分とは言えませんし，正確であるとも限りません。その中にあって文学作品は意図的に不正確あるいは不十分な部分を多分に含んだジャンルであるとも言えます。国語科の教材も全く同様であり，特に文学教材は情報が不十分かつ不正確であるところに文学教材らしさがあると言ってもいいほどです。むしろ，不十分で不正確な表現から物語を読んでいくところに，文学の醍醐味があるからです。

　情報が不十分で不正確なときに私たちがどのように推論するかを例示するため，次のような三つのシーンが与えられたとします。

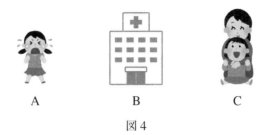

A　　　　　　　B　　　　　　　C

図4

最初のシーン A では女の子が泣いています。次のシーン B で病院が描かれています。3番目のシーン C で母親と娘らしい2人が歩いています。このような情報から一つのストーリーを理解しようとするとき，不十分な部分を補いつつ，不正確な部分を特定しながら読んでいく必要があります。一つの解釈として，（ア）女の子が頭痛や腹痛で泣いており，病院へ連れて行ってもらって治療を受け，母親と一緒に出かけられるほどに快復したというストーリーが考えられるでしょうか。あるいは，（イ）女の子が寂しくて泣いていたのは，母親が病院に入院中であったためで，退院できることになって一緒に帰宅するところを描いているという解釈も成り立つかもしれません。いずれの解釈も，女の子が病院で治療を受けに行ったのか，母親に会いに行ったのかは描かれておらず，その不足した情報は推論によって補わなければなりませんし，そもそもシーン C に描かれた2人が母親と娘なのかも特定されていないわけです。

　この推論は，言語表現にも同様のことが言えます。次の文で考えてみたいと思います。

14

　（7）　花子は学校から救急車で病院に運ばれた。

この文も本来は何らかの文脈の中で発話されたものでしょうが，あえて（7）の部分だけ切り取って考えるなら，「花子」という人の「学校」から「病院」への移動という事象を表すに過ぎません。もちろん，この文から読み取るべき意味は，単なる救急車での移動という意味でなく，それ以上のものでなければなりません。大きく言うと，2通りの推論が成り立つと思われます。一つは，「花子が急病になったか怪我を負った」というものであり，もう一つは「花子は病院に着いたら治療を受けるであろう」というものです。一つ目の推論が成り立つのは，一般に「病院に運ばれる」のは「何らかの急病か怪我を負ったとき」という関係が認められるからであり，二つ目の推論が成り立つのは，患者を病院に運んだ後に病院で治療が行われるという事象が一般的なこととして認められるからです。このことを図にすると次のようになります。

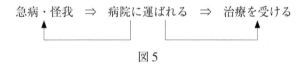

図5

この図は，左から右に向かって矢印（⇒）の方向に事態が時間的に接続される関係を表しており，一番左の「急病・怪我」が発生したとき，それが重篤であれば「病院に運ばれる」ことになり，そこで「治療を受ける」という順番で事象が生起するという一連の流れが経験的に共有されている限りにおいて，中央の「病院に運ばれる」から左側の「急病・怪我」を推論したり，右側の「治

療を受ける」を推論したりできるわけです。このように，A という事象から B という事象を導くとき，事象 A と事象 B は，時間的な前後関係や因果関係など何らかの意味で一般性のある形で結びついていなければなりません。この推論は次のように図示することができます。

| 明示的な事象 A | ⟺ | 非明示的な事象 B |

図 6

事象 A と事象 B が一般的に結びついているということは，時間的な前後関係や因果関係で結びつくことが多いのですが，事象 A と事象 B の因果関係や時間的な前後関係は逆であっても構いません。上の例で言えば，「病院に行く」から「治療を受ける」へと右向きの解釈を導くのは時間的に順方向的な推論であり，「病院に行く」から「急病・怪我」へと左向きの解釈を導くのは時間的に逆向きの推論ということになります。ともあれ，この推論において重要なことは，導かれた新しい知識（事象 B）が元の情報としての事象 A と何らかの意味で一般性のある形で結びついているということです。そうでなければ，事象 A と事象 B の間の推論を他者と共有することができないからです。

　以上のように，（学術論文や判決文のような非日常的な文章を除き）読解に際して私たちが接する言語情報は量的にも質的にも十分ではなく，完全な状態から見れば一部の情報しか書かれていないというのが実態です。ここでいう「一部」というのは，9 割くらいのこともあれば，半分くらいのこともあれば，ごく僅かし

16

かないこともあるでしょう。9割程度の情報があれば読解は可能
でしょうが，ごくわずかの情報では，読解というより「推理」に
近いことをせざるを得なくなります。文学的な文章であれ説明的
な文章であれ，量的・質的に完全でないという点では変わりは
なく，それにも拘わらず，それを読んで理解する能力が一般社会
でも必要であり，だからこそ，そのような能力を国語科の中で高
めていかなければならないわけです。その能力を主に構成するの
は，「想像力」ではなく，「推論」でなければならないというのが
本書の立場であります。[3]

> ☞ 普通，文章は不完全で不正確なものであり，それを補って
> 「直接書かれていないこと」を読むのに推論が発動される。

3. 〈文字通りでない意味〉を推論する

　前述のように，小学校の国語科において教材の読解は物語にお
ける心情の読み取りが中心になりますが，物語における登場人物
の心情は，どのように描かれているでしょう。言うまでもなく，
人の心というのは，他人が外から見えるものではありません。登

---

[3] 「推論」は，新井紀子（2019）で紹介されているリーディングスキルテスト（RST）でも読解力を測定する観点の一つとして取り上げられています。リーディングスキルテスト（RST）は，文章に書かれている意味を正確にとらえる基礎的な読解力を測定するとともに，学習の阻害要因を突き止めるツールですが，読解の能力値を診断するための観点として「係り受け解析」「照応解決」「同義文判定」「推論」「イメージ同定」「具体例同定」の6つが設定されており，ここでも，求められているのは「推論」であって，「想像力」ではありません。

場人物の心情が，「悲しい」や「嬉しい」のようにダイレクトに記
述されていれば何ら難しいことはないわけですから，問題になる
のは，心情が直接書かれていないときです。登場人物の心情が直
接書かれていないとき，〈読み手〉は自由に想像やフィーリング
で読んでよいということにはなりません。ここで重要なのが，前
節で導入した「推論」という働きです。

　では，推論によって心情を読み取るということは，どういうこ
とでしょうか。次の図をご覧ください。

図7　　　　　　　　図8

左の図7を見て，この男性がどのような心情か考えてみましょ
う。男性の心を直接見ることはできません。見ることができるの
は，姿だけです。したがって，心情を読み取るには姿を手掛かり
にするしかありません。この場合，ガッツポーズという行為から
「嬉しがっている」あるいは「喜んでいる」と解釈されるのです
が，そこに，どのような推論が働いているかと言えば，「嬉しい」
と感じるときに人は図7のような行動をするという経験的な因
果関係が知識としてあるからと説明できます。もちろん，嬉しい
からといって常に図7のような行動をするわけではないものの，
図7のような行動は嬉しいときになされることが経験的に共有
されているからと説明されます。同様に，右の図8を見て，こ

の女性の心情を推論するとき，頭を抱えるという行為から「悩ましい気持ち」あるいは「困っている」という心情を読み取ることができるのも，図8のような行為が，「悩ましい気持ち」あるいは「困っている」という心情のときに見られるからと説明されます。もちろん，この関係は，あくまで慣習的なものであって，その慣習度にも程度差があります。悩んでいるときでも頭を抱えないことはあるでしょうし，逆に，頭を抱えているからといって悩んでいるとは限らず，たとえば，頭上からものが落ちてくるかもしれないような状況で頭を抱えているのは「思い悩む」ことに起因する行為ではありません。しかしながら，「頭を抱える」という表現が慣用句として定着している限りにおいて，心理状態と身体動作の関係は推論可能な有機的な根拠があると認めることができます。

　このことは言語表現を通して知覚したときも同様のメカニズムで説明されます。

(8) a. 「ガッツポーズをする」　◆━━━▶　嬉しい気持ち
　　 b. 「頭を抱える」　　　　　◆━━━▶　悩ましい気持ち

上の図7に従って説明すれば，「ガッツポーズをする」という叙述は可視的な行為なのに対し，人間の心情は直接的には知覚できない抽象的なものですから，「ガッツポーズをする」という明示的な事象から「嬉しい気持ち」という非明示的な事象を推論していることになりますし，同様に，「頭を抱える」という明示的な事象から「悩ましい気持ち」という非明示的な事象を推論していることになります。

　繰り返しになりますが，人の心情というのは，直接目で見える
ものではありません。したがって，人の心情を理解するために
は，何か直接知覚できるものを手掛かりにするしかありません。
図7や図8のように視覚情報を手掛かりにする場合でも，（8）の
ように言語情報を手掛かりにする場合でも，ガッツポーズという
行為が「嬉しい」という気持ちと経験的な因果関係をもつからこ
そ，ガッツポーズという可視的な行為から「嬉しい」という不可
視的な気持ちを読み取ることが可能であり，同様に，頭を抱える
という行為が「困っている」という心情と経験的な因果関係をも
つからこそ，頭を抱えるという可視的な行為から「困っている」
という不可視的な心情を読み取ることができるわけであって，こ
れが，推論という営みにほかなりません。

　同様のことは，対人的コミュニケーションにも言えます。次の
図9を見てください。[4]

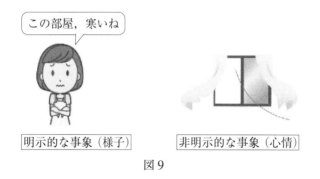

図9

---

[4]　ゲルンスバッハらの共著論文（Gernsbacher, Goldsmith and Robertson
(1992)）などの実験的研究では，物語読解において〈読み手〉が登場人物の心
情を「推論」によって理解していることが示されています。

左側に描かれた女性を見て，この女性はどのような気持ちと解釈できるでしょうか。この女性は寒さで身体を震わせているように見えます。この女性が「この部屋，寒いね」と言ったとき，女性の心情を読み取るとすれば，「窓を閉めてほしい」か，「暖房を入れてほしい」か，「温かいものが欲しい」等の心情を読み取ることが可能です。そのような心情は明示的に表されていませんが，左のような明示的な事象と結びつくものとして，一般性のある推論ということができます。

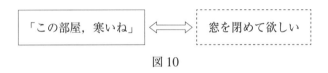

図 10

聞き手は，知覚可能な「この部屋，寒いね」という〈発話〉を手掛かりに，そこから話し手の〈意図〉を推論するわけですが，「体を震わせる」という身体動作や「この部屋，寒いね」という発話から意図への推論が成り立つということは，身体動作や発話が意図と経験的な因果関係によって繋がっているということであり，矢印の右向き部分が表すように，「この部屋，寒いね」という発話から意図を推論できるのと同様に，左向きの矢印が表すように，「窓を閉めて欲しい」という意図を伝えるのに，「この部屋，寒いね」という理由だけを述べる述べ方で間接的に伝えられることを我々は慣習的に知っているとも言えるでしょう。いずれにせよ，身体を震わせるとか「この部屋，寒いね」のような発話が知覚可能な事象であるのと対照的に，心情や意図は直接的には知覚できないものですので，この点で，知覚可能な事象から直接的に

は知覚不可能な事象を推論していることになります。逆に言うと，意図という直接的には知覚できないものを身体動作や発話といった知覚可能な媒体に置き換えていることが推論成立の前提になることを確認しておきたいと思います。

　このことは，心情理解と意図理解の両者に言えることであり，図10を一般化すると，次の図11のように示すことができます。

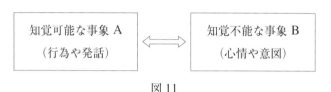

図 11

繰り返しになりますが，そもそも人間の心情というのは直接的に目で見えるものではなく，知覚可能な手掛かりを通して理解するという関係を表したのが図11です。左側の明示的な事象を手掛かりにして非明示的な事象を見いだす知的作業であり，知覚可能な事象から知覚不能な事象を読み解くという点で，物語読解（narrative reading）における心情理解も対人コミュニケーション（interpersonal communication）における意図理解も原理的に同じものということができます。図11の関係が成り立つのは，〈知覚可能な身体動作〉と〈直接的には知覚できない心情や意図〉との間に経験的な因果関係が成り立っているからにほかなりません。そのおかげで，肩を落としたり頭を抱えたりするという身体動作や「この部屋，寒いね」のような発話を手掛かりにすることで心情や意図を推論することができるわけであり，通常，そのような推論によって人の心情や意図を理解しているというのが実際

のところでしょう。

　そもそも，他人の心情や意図というのは，直接的には分からないものであり，他人の言動や様子といった間接的な情報から推し量るしかありません。自分以外の人のことを「他者」と呼ぶならば，物語における心情理解も対人コミュニケーションにおける意図理解も，明示的な事象を手掛かりに他者の心情や意図を理解するという点で「他者理解」と言えるものであり，「明示的な事象」から「非明示的な事象」を推論することに他なりません。では，その「他者理解」というのは難しいものでしょうか。他者理解といっても，上で述べたように原理的には「明示的な事象」から「非明示的な事象」を導くというものであり，その間には必ず一般的な結びつきがあるはずですから，そのような関係を見いだすことさえできれば決して難しいことではありません。何より重要なのは，ここでいう「他者理解」は，想像によってイメージを膨らませるものと異なり，指導する方法を確立させることが可能であり，練習によって能力を高めることが期待できるという点にあります。というのも，明示的な事象から非明示的な事象を探るという営みは，比喩という形で私たちは日常的に体験しているからです。比喩が含む〈文字通りでない意味〉というものを手掛かりに，物語における心情理解やコミュニケーションにおける意図理解の能力を高めようというのが本書の目的でありますが，この点については第4章と第6章で取り上げたいと思います。[5]

---

　[5] 他者理解というのは，心理学用語の一つで，最近では「心の理論」という名称で研究されている概念ですが，この点については24ページのコラムをご参照ください。

☞ 知覚可能な行為や発話を通して知覚不能な心情や意図を推
論する点で，物語読解の心情理解と対人コミュニケーショ
ンの意図理解は原理的に変わらない。

コラム

意図理解

発達心理学者のトマセロ（Tomasello (1999)）によると，言語は，「パターンの発見」と「意図の読み取り」という認知スキルによって習得されるといいます。トマセロは特に認知スキルにおけるヒトと他の霊長 類との決定的な違いとして，ヒトが他者の意図を理解することができる点を挙げています。意図の理解というのは，何を言っているかを理解するだけでなく，何を言おうとしているかを考えることです。他者の意図というのは，分かるときもあれば分からないときもあるでしょうが，分かろうとする力は育てることができますし，育てなければなりません。他者の意図を読むというのは，会話に限りません。たとえば，浜辺に一つ大きな岩があったとします。それが完全な自然現象であれば特に何も思うことはないでしょうが，その石の存在に人間の行為が関わっているとなれば，ヒトは「誰が置いたのだろうか」また「なぜ置いたのだろうか」と考えるものです。同様に，世界遺産に登録されている南米ペルーの「ナスカの地上絵」を見たとき，人は，「誰が描いたのだろう」「どうやって描いたのだろう」と思うとともに，「なんのために描いたのだろう」と考えずにはいられません。言語行為の場合はなおさらのこと，言語表現が最初から存在するのであれば意図を

読み取ろうとすることもないかもしれませんが，そこに人間の存在と人間の言語行為を想定するとき，なぜその人間がそのように言ったのだろうかと，意図を探ろうとするところにヒトのコミュニケーションにおける最大の特徴があるわけです。さらに，意図の重要性を示す事例として，他者の作った道具について，人間は「どのような意図で，この道具を作ったのだろう」と考えることで，道具を改良することができるといいます。他の動物が，他者の作った道具を改良しようとしないのは，「どのような意図で，この道具を作ったのだろう」という意図がないためと言われています。それほど，他者の意図を理解するということは人にとって重要な営みと言えるわけです。

コラム

心の理論と誤信念課題

　心の理論とは，ごく簡潔に言うと，他者の気持ちを推し量る能力のことです。もう少し丁寧に言うと，他者にも（自分と同じように）心があることを理解し，（自分には直接分からない）他者の心の状態を理解しようとし，他者がどのような行動を取るかを考える能力を言います。心の理論は，「理論」という名称ですが，実質的に「能力」をさし，論文などでも「心の理論を持つ」という言い方がされます。子安増生・西垣順子・服部敬子（1998）によると，健常な児童であれば小学生1年生は全員「心の理論」を持つようになるといいます。

　誤信念課題とは，子どもが「心の理論」を持つかどうかを調べるためのテスト方法をいいます。心の理論をもつかどうか

を調べるのに，たとえ誤っていても他者が自分と違う信念（誤信念）を持つことを理解できるかどうかに着目したのが誤信念課題（False-belief task）です。誤信念課題は，課題の複雑さによって「一次的誤信念課題」と「二次的誤信念課題」が用いられます。一次誤信念課題（first-order false-belief task）は，自分と他者との間で「他者の心の状態」を理解できるかどうか調べるもので，二次誤信念課題（second-order false-belief task）は，三者に対して「『他者の心の状態』についての第三者の心の状態」を理解できるかどうかを調べるものをいいます。平易に言い換えると，一次誤信念課題は「A という他人は〜と思っている」という状態を理解することであり，二次誤信念課題は「A という他人は〜と思っている，と B という別の他人は思っている」という状態を理解することをいいます。二次的誤信念課題は，就学前期の終わりから児童期の子どもの心の理論を調べるために用いられるものをいいます。小学校の児童との関連で言うと，二次的誤信念課題は，おおむね6歳〜9歳ごろの児童期に正答率が上昇して，安定すると言われています。子安増生・西垣順子（2006）の調査によると，「心の理論」でいう二次的誤信念課題に正解した児童は読解課題の成績も高いという結果が得られたといい，このことから，物語読解と他者理解が相関していることがうかがえます。

4.　単方向的な想像と双方向的な推論

　物語読解（narrative reading）における心情理解を考えるとき，どのような能力を用いるかという観点から二つのアプローチが考えられます。一つは国語科教育で援用される「想像力」による読

解であり，もう一つは本書で展開している「推論」による読解で
す。議論の見通しを先取りして言えば，「推論」による読解では
必然的に〈書き手〉の存在を前提に考える点で，「想像力」による
読解と大きく異なることになります。

　「想像力」による読解は，まずテキスト（言語表現）が〈読み手〉
の手元に存在し，〈読み手〉は，そのテキストから思考や想像力
によって解釈を導き出すということになります。この読解の一般
的なモデルは，次のように図示できます。

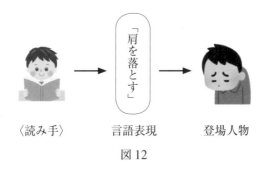

〈読み手〉　　　　言語表現　　　　登場人物

図 12

この図 12 が表しているのは，〈読み手〉が〈言語表現〉を読み，
その〈言語表現〉を通して〈登場人物〉の心情を読み取ろうとす
るモデルであり，全体として，〈読み手〉→〈言語表現〉→〈登場
人物〉のように，いわば左から右に一方向的に進む形になってい
ます。問題は，このような一方向的なプロセスにおいては，〈言
語表現〉を手掛かりにした〈登場人物〉の心情理解が多様なもの
になってしまうことにあります。

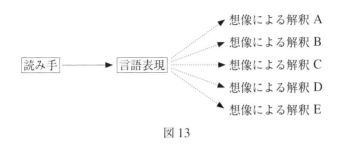

図 13

　図 13 は,〈言語表現〉を手掛かりにして〈登場人物〉の心情を理
解するのに想像力を援用することで複数の解釈が想像されてしま
う様子を模式的に表したものです。このように,解釈が拡散し,
無秩序に多様化する事態が起こるのには,想像力によって読み取
ろうとしていることに加え,〈書き手〉の役割が考慮されず,〈言
語表現〉が読解の出発点になっているからということができます。
たしかに,物語読解(narrative reading)において,解釈の可能
性が広がるのは,主観的な「体験没入」により拡散的思考(diver-
gent thinking)が働くためという側面もありますが,広げた解釈
を再び絞り込んでいく段階で収束的思考(convergent thinking)
が発動されなければなりません。この点について,〈推論〉との
関係で説明を続けたいと思います。[6]

---

　[6] 図 13 のように,〈読み手〉の想像力によって解釈が多様化するのには,教
員による発問にも大きな原因があると言えます。言語表現と関連情報を手掛
かりに推論しようとしても,解答できないような発問が与えられれば,学習
者(児童生徒)は,〈推論〉という理性的な手段を越えて,必然性を伴わない
〈想像〉という手段に訴えるしかないからです。この点については,第 4 章の
第 4 節「推論と想像力は何が違うか」もご参照ください。もし,「多様な読み」
なるものが許されるとすれば,〈書き手〉の意図を読み取った上で,それに対
する評価や個人レベルの思想を加味することであり,それは正統な読解の次

　一方の「推論」による読解では〈書き手〉の意図を視野に入れるところに違いがあります。そもそも，教材の中でテキストの一部として与えられる〈言語表現〉は，はじめからあったものでしょうか。言語表現は，自然発生的に存在するものではありませんから，それを書いた人がいるはずです。〈書き手〉が存在し，その人が書いたからこそ〈言語表現〉は存在するのであって，この点で，〈言語表現〉としてのテキストは解釈の出発点ではないということです。では，何が出発点になるかと言えば，それを書いた人，つまり〈書き手〉であり，〈書き手〉の存在と役割を積極的に前面に出して考えるモデルが次の図 14 です。

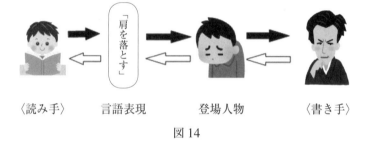

〈読み手〉　　　言語表現　　　　登場人物　　　〈書き手〉

図 14

図 14 では，左から右への黒い矢印が表すように，〈読み手〉が〈言語表現〉を通して〈登場人物〉の心情を理解するプロセスが行われるのですが，その前の段階で，右から左への矢印（白抜きの矢印）が働き，まず〈書き手〉が存在し，その〈書き手〉が〈登場人物〉の心情を〈言語表現〉として具現化するというプロセスが

の段階として考えるべきものと言えます。

あるはずです。〈書き手〉と〈読み手〉の関係を大きく捉えると，〈書き手〉は，直接的には知覚できない心情や意図を表現するのに，それを知覚可能な身体動作や発話に変換するという右から左への方向（白抜きの矢印）に向かうのに対し，〈読み手〉は知覚可能な身体動作や発話を手掛かりにして，直接的には知覚できない心情や意図を理解するという左から右の方向（黒い矢印の方向）に向かうことになります。同時に留意したいのは，〈書き手〉が理解している事象 A と事象 B のつながりと同じものを，〈読み手〉も持っているということです。そうである限りにおいて，〈読み手〉は言語表現から心情を理解することが可能になり，つまりは他者理解が可能になるからです。[7]

　上掲の図 14 について，〈読み手〉〈言語表現〉〈登場人物〉〈書き手〉の関係を簡潔に整理すれば，次のようになります。

$$\boxed{〈読み手〉} \longrightarrow \boxed{言語表現} \Longleftrightarrow \boxed{登場人物の心情} \longleftarrow \boxed{〈書き手〉}$$

図 15

〈書き手〉の意図をゴールとして読解するすると，複数の人がそれぞれに読んだ場合でも基本的には一つの解釈に収束することが

---

[7] やや古い文献ですが，ラッセル（Russell（1951））も，"Reading as Communication" というタイトルの短い論文で，読書をコミュニケーションになぞらえる考えを示しています。ただし，ラッセルのいう読書とコミュニケーションの共通項は「読書によって他者から考えを受け取った上で別の他者に考えを伝えること」を言っており，本書が言うような〈書き手〉と〈読み手〉との間のインタラクションとは異なります。比較的最近では，シュヴァイカルト（Schweickart（2008））にも，読解をコミュニケーションとみなす発想が見られます。

期待できます。もちろん，文学作品の中には，〈書き手〉の意図
が明確でない場合もあるでしょうし，作品研究のレベルで解釈に
関する学説が分かれているようなものもあるでしょうから，絶対
的に一つの解釈に帰着するわけではないものの，そのような難解
な解釈は小学校や中学校で求めるべきものではないのであって，
やはり基本的には一つに収束すると考えていいことになります。[8]

> ☞ 想像による読解が解釈の拡散を許してしまうのに対し，推
> 論によって〈書き手〉の意図を追う読解では一定の解釈へ
> の収束が期待できる。

　その上で，〈書き手〉がいることを視野に入れることが重要なの
は，事象を言語化するにあたり「〈書き手〉は〈読み手〉が読んで
理解できるように書いている」という作業仮説を設定することが
できるからです。通常，〈読み手〉が読んでも表現内容を読み取
れないような書き方をするはずはないわけですから，この仮説が
いう「〈読み手〉が読んで理解できるように書いている」というの
は，至極当たり前のことのように言えますが，この仮説が成り立
つ限り，〈書き手〉が書いた言語表現を読めば，〈書き手〉が描こ
うとしている表現内容は理解できるようになっていることを意味
します。もし，〈読み手〉が読んでも理解できないように書いて

---

[8] 井上一郎（1993: 2）は，「国語科教育では，作品を読む読者こそが全てに
優先する」と述べ，学習者も教師も評論家も「読者」という点で対等関係が保
証されるという主張が展開されていますが，本書が挙げる図14のモデルは，
コミュニケーションの相手という点で〈読み手〉と〈書き手〉が対等にあるこ
とを示すものでもあります。

いるとすれば，それは，いわば「推理」によって謎解きするような探偵小説の世界になってしまいます。その「推理」さえできないような書き方がされたときには，そのときこそ〈読み手〉は本当に「想像」で読まなければならないことになります。「推理」や「想像」は，不十分で限定的な手掛かりから意味を解き明かすものですから，「推理」や「想像」という特殊な能力を要する読解が求められるとすれば，それは「〈読み手〉が読んで分かるように書いている」という作業仮説が成り立っていない場合ということになります。「読んでわかるように書いている」という作業仮説が成り立つ限り，通常の推論によって読解はできるわけです。

> ☞ 読解を〈書き手〉と〈読み手〉のコミュニケーションと考えるなら，〈書き手〉が〈読み手〉に分かるように可視化している限り，〈読み手〉は想像力を援用することなく推論で理性的に読むことができる。

　ここから第2のポイントに繋がるのですが，「〈読み手〉にわかるように書いてある」というのは，〈登場人物の気持ち〉と〈表現形式〉が一般的な推論で結びつけられているということです。重要なのは，話し手が持っている〈感情と言語の結びつき〉は，〈読み手〉が持っている〈感情と言語の結びつき〉とほぼ同じだということであり，このことは，たとえば，次のような素朴な疑問に対する答えにもなります。つまり，私が「寒い」と感じたものを「寒い」という言葉で表したとき，果たしてそれを聞いた人も同じように「寒い」と言う言葉から同じ気持ちを共有することができるだろうかというものです。普通，他人が「寒い」と言えばそ

の人の感じる寒さに共感することは可能です。では，なぜそれが
できるのでしょうか。それは，「寒い」という気持ちと「寒い」と
いう言語表現の間の結びつきが主観的なものであっても，その主
観は1人だけのものではなく，同じように共有されているとい
う仮説が成り立っているからです。このような仮説を共同主観性
といいます。たとえば，「悲しい」という気持ちを表すのに「涙
が出る」「体が震える」「肩を落とす」と表現するのは，人は，悲
しいときに，涙が出たり身体が震えたり肩を落としたりするとい
う身体的な経験に基づいているからであり，この経験が共同主観
的に共有されている限り，「涙が出る」「体が震える」「肩を落と
す」という知覚可能な表現から「悲しい」という深層的な心情を
理解できると説明されるわけです。

　このような事例に対して批判が予想されるとすれば，一般的な
日本語話者であれば，「肩を落とす」という表現から「落胆して
いる」という心情を読み取ることは容易ではないかというもので
しょう。一般的な日本語話者が「肩を落とす」という表現から
「落胆している」という心情を容易に読み取ることができるのは，
「肩を落とす」＝「落胆している」という関係を知識として知って
いるからであって，必ずしも非明示的な意味（文字通りでない意
味）を読み取っていることにはなりません。知識として知ってい
るということは，知らなかったら全く読解できないということに
なってしまいます。知識として知らない場合でも，明示的な意味
（文字通りの意味）と非明示的な意味（文字通りでない意味）がつ
ながっている構造を理解し，明示的な意味から非明示的な意味
（文字通りでない意味）を読み取るというアプローチを身につけ

ていれば，慣用句に限らず，広くコミュニケーションや実生活における言語運用においても，非明示的な意味（文字通りでない意味）を読み取る能力の向上が期待できる点に大きなメリットがあります。コミュニケーションや実生活における言語の運用においては，むしろ非明示的な意味（文字通りでない意味）のほうに書き手（話し手）の意図が反映されることが多いからです。

　繰り返しになりますが，登場人物の心情を理解するのに，手掛かりとなる表現を見つけることが第一段階ではあるものの，その表現を見つけた段階で，「この登場人物の心情を想像してみましょう」という問いは NG です。その手掛かりから心情を読み取ることができるのであれば，想像力によって読み取るのではなく，推論によって理性的に読み取らなければならないからです。手掛かりが見つかった段階で，それを想像力によって読み取るのは，いわば，算数科で「一辺 3 センチの立方体があります。この立方体の体積を想像してみましょう」というのと同じになってしまいます。推論で心情を読み取ることができないような手掛かりは，手掛かりとは言えません。そうであれば，〈読み手〉は，別の確実な手掛かりを見つめる段階に進むことになります。[9]

---

　[9] 内田伸子 (1994) が言うように，想像力が「ないもの」を思い浮かべる能力であるとすれば，この「ないもの」を創造するという点で，思考作用における想像力の意義はたしかに高いものがあると言えるでしょう。ただ，そのような「ないもの」を思い浮かべる想像力というものを国語科の読解に持ち込んでいいかと言えば話は別です。想像力は，通常では起きないようなレアな事象を想定する場合にこそ発動されるもので，複数の学習者の間で解釈を収束させることを念頭に置く「授業」という文脈では不適ということになるからで

34

☞ 読解における局所的な基本作業は，直接的に書いてある意味（文字通りの意味）から直接的には書いていない意味（文字通りでない意味）を推論することにある。

コラム

共同主観性

　共同主観性（intersubjectivity）というのは，人の主観は個人レベルで全く違うということはなく，いわば"みんなが同じような主観を共有している"という考え方を言います。自分も他人も事柄を主観的に感じ主観的に言語化するものではありますが，（同じ言語を共有する者同士であれば）自分の主観も他人の主観も実は大きく変わらないという考えです。たとえば，男女2人の会話の中で，男性が「楽しいね」と言い，女性も「楽しいね」と言ったとき，両者の気持ちは同じと言えるでしょうか。

す。むしろ，想像力を発動しなければならないときというのは，通常の常識的な予想を大きく越えるような，特殊な事象を思い浮かべる場合であり，そのような場合には，たしかに想像力を使う必要があるかもしれませんが，逆に言うと，そのような特殊な事象を導かなければならないような例は，小学校の国語科教材の中にはないと言って良いでしょう。なぜならば，上の図14で説明したように，〈書き手〉は〈読み手〉に理解できるように表現しているのであって，想像力を発動しなければ推論できないような特殊で複雑な意味を表現に込めるとは考えられないからです。ただし，個人として読書をする限りにおいては想像しようが妄想しようが全くの自由であって，それを学校教育が規制する立場にないことは言うまでもありません。

2人が同じように「楽しいね」と言ったとしても，感じている
ものが同じであるという客観的な保証はないわけですが，通
常，そのギャップが問題になるようなことはなく，いずれも，
自分が「楽しいね」というときの気持ち（主観）と相手が「楽
しいね」というときの気持ち（主観）に違いはないと理解しな
がら話をしているのではないでしょうか。この理解を支える
のが共同主観性という仮説であり，実際，（同じ言語あるいは
同じ方言を持つ者の間で）共同主観性が成り立つ証左はいく
つも知られています。

　さらに，同じ主観が共有されると，慣習も共有されます。
英語圏において片手で人差し指と中指を自分の両目に向けた
後に相手に向ける動作をすると「監視しているぞ（I am
watching you）」の意味を表したり，フランスにおいて帽子を
脱ぐような動作で「脱帽」すなわち「参った」を意味したりす
るのも，その一例であり，およそ同じ言語を話す人たちによっ
て共有されています。これに従えば，「がっかりする」という
不可視的な心情を「肩を落とす」と表現したとき，その表現が
主観的であるからといって，〈読み手〉に伝わらないというも
のではなく，〈読み手〉も〈書き手〉と同じような主観を共有
しているという仮説を立てることにより，〈書き手〉の表現し
た「肩を落とす」という表現から「がっかりする」という心情
を理解することができるという考え方が成り立つのです。

36

コラム

作者の意図を読む

音楽の世界において，演奏者が楽譜から音楽を演奏するとき，演奏者は，ある程度まで自分の判断で好きなように演奏することは許されています。同じ楽譜を音楽にする場合でも，激しく情熱的に演奏することもあれば，優雅でロマンティックに演奏することもあり，格好良く荘厳に演奏したりと，演奏者の解釈と技術で演奏が違ったものになることも少なくありません。ただ，本来は，最初から楽譜があったわけではなく，まず作曲者の中に音楽が生まれ，それを記号化したものが楽譜なわけです。したがって，楽譜には作曲者の意図がはたらきます。たとえば，p（ピアノ）という記号は「弱く」という意味ですが，ただ弱く演奏するだけでなく，作曲者が何故そこにpと書いたかを演奏者は考えます。音楽が徐々に強くなっていくために最初を弱く始めるためなのか，寂しい気持ちを表すためか，激しい感情が急に静かになったからなのか，といった何らかの意図を見いだそうとします。このとき，演奏者の想像で考えるのではなく，あくまでも作曲者の意図に戻るというのが大原則です。そのために，作曲者の個人的な体験や時代背景を考慮することも当然あります。音楽の世界で演奏者が作曲者の意図を考えることと，文学の世界で〈読み手〉が〈書き手〉の意図を考えることは，本質的に変わりなく，書き手（作曲者）が何を表そうとしていたかを客観的な手掛かりによって推論する点に重要な共通点を見ることができます。

〈文字通りでない意味〉の日常性

　前の第1章では，明示的な〈文字通りの意味〉から非明示的な〈文字通りでない意味〉を読み取ることが物語読解やコミュニケーションに共通していることを見てきました。そこでいう明示的な〈文字通りの意味〉から非明示的な〈文字通りでない意味〉への変換は，専門的には〈転義〉という用語で説明されます。この〈転義〉というのは，実は〈比喩表現〉を作り出す中核となる概念です。第2章では，比喩表現を通して，〈転義〉が，いかに日常表現の中に浸透しているかを具体例によって示していきたいと思います。

1.　ことばの意味は変化する

　〈文字通りの意味〉から〈文字通りでない意味〉への変換は，日常表現の中に普通に見られる現象です。たとえば，「マウス」と言えば何を指すでしょうか。英語で mouse と綴る「マウス」は，元々「ネズミ」のことですが，日常の中では，むしろパソコンのカーソルを動かす周辺機器を指す語として使われることの方が多いかもしれません。

マウス　＝

図1

このとき，「ネズミ」という意味と周辺機器としての意味は無関係ではありません。なぜ「マウス」という語が周辺機器としての意味を持つようになったかと言えば，明らかに，周辺機器の形状がネズミに似ていたことが理由なのですから，「マウス」という語は，「ネズミ」という意味から，それに形状が似ている周辺機器の意味に変化したと言うことができます。このように意味が変化することを「転義」といいます。

　もう一つ，「稲荷」の例を見てみましょう。もともと，「稲荷」あるいは「お稲荷さん」と言えば，稲荷神社に祀られる「稲荷神」という神様のことです。ただ，日常的には，神様を指すだけでなく，「キツネ」や「油揚げ」や「お寿司」の意味でも用いられます。

稲荷 =

図 2

稲荷神という神様の使いとされるのが「キツネ」であり，ここから「キツネ」を「お稲荷さん」と呼ぶようになり，そのキツネ（狛狐）にお供えするのが好物の「油揚げ」ですので，その「油揚げ」も「稲荷」と呼ぶようになり，その油揚げに寿司を包んだものを「稲荷」と呼ぶようになったと言われています。はじめは神様を指していたものが，キツネを指すようになり，油揚げや寿司をも指すように変化していったことが分かります。このように，言葉の意味というものは一定不変ではなく，微妙に変化していくことがわかると思います。

　このような表現は，言語研究において「比喩」の仲間として扱われています。上に挙げた「マウス」や「稲荷」のような用例を「比喩」というと，少し戸惑う人も多いかもしれません。実際，学校で習う比喩とは基本的な考え方に違うところがありますので，その違いを含めて少し丁寧に説明します。ここでいう「比喩」は，文学の中だけでなく日常生活の中にたくさん見られる上，物語における心情の読み取りにも役に立つほか，現実社会でのコミュニケーションにおいて他人の意図を理解することにも関係するものです。そもそも，学校で「比喩」と言えば，「何かに喩える表現」であり，日常の中というより特に文学作品の中に現れるものと扱われており，次の三つに分類されています。

> 直喩 …… 似ているものを結びつける表現。「ようだ」や「みたいだ」等を伴う。
>
> 隠喩 …… 直喩から「ようだ」や「みたいだ」が外れた表現。
>
> 擬人法 … 人間でないものを人間の姿や行為に真似て描く表現。

この3分類は，学校教育の国語科では常識かと思います。このうち，直喩は「ようだ」や「みたいだ」等が付くのに対し，隠喩は「ようだ」や「みたいだ」がなく，形の上だけで見ると，直喩から「ようだ」や「みたいだ」等を外すと隠喩になるとされます。ところが，もう少し深く見ると，直喩と隠喩の間には形の上の違い以外に，もっと大きな違いがあります。具体的には次の例を見てください。

「あの先生は鬼のようだ」というのは「ようだ」という表現が含まれますので直喩なのに対し，「あの先生は鬼だ」は「ようだ」が含まれませんので隠喩ということになります。この二つの文を比べると，形式的には，「のよう」があるかないかという違いだけのように見えますが，実は，大きな違いがあります。直喩の場合，「あの先生は鬼のようだ」というときの「鬼」は，本当に，文字通りの「鬼」を表しており，全体として，「あの先生」が性格や容貌において「鬼」に似ているという意味になります。一方，隠喩の場合，「あの先生は鬼だ」というとき，「あの先生」が「鬼」とイコール関係で結ばれていますが，「あの先生」が人間であるなら，「鬼」は文字通りの意味の「鬼」ではないはずです。ここでの「鬼」が文字通り意味で本当の「鬼」であるなら，「あの先生」＝「鬼」という関係にはならないからです。実際，「あの先生は鬼だ」という隠喩の中の「鬼」は，「怖いもの」あるいは「恐ろしい生き物」というような意味で解釈されるのであって，文字通りの意味の「鬼」から意味が変わっていることが分かるでしょう。

このように，本来の語義（文字通りの意味）とは異なる意味で用いられること」を「転義 (trope)」といいます。このとき，「文字通りの意味 (literal meaning)」から転義した後の意味を「文字通りでない意味 (nonliteral meaning)」といいます。[1]

繰り返しになりますが，転義とは，〈文字通りの意味〉が〈文字通りでない意味〉に変わることであり，転義という観点から言うと，直喩は転義を伴わない比喩なのに対し，隠喩は転義を伴う比喩と整理することができます。本書で，転義という考え方を取り上げたのは，転義が分かれば心情読解にも習熟し，コミュニケーションも上手になるという見通しを持っているからです。

☞ ことばの意味は，もともとの意味（文字通りの意味）から別の意味に変わることがあり，そのような意味の変化を「転義」という。隠喩は転義を伴うのに対し，直喩には転義がない。

2. 転義から見た比喩の3分類

さて，比喩というものを「転義」という観点から見直すと，転義の種類によって比喩を再分類することができます。具体的には，比喩は，転義の仕方によって〈隠喩 (metaphor)〉〈換喩

---

[1] ここでいう「文字通りでない意味」は，言語研究において「意図された意味 (intended meaning)」とも呼びます。「転義 (trope)」というのは，もともとは修辞学の用語です。「転義」の「義」は「意味」ということですから「転義」は「意味が転がる」という熟語になります。要するに「意味が変化する」ということです。

(metonymy)〉〈提喩（synecdoche)〉の 3 種類に分類されます。
それぞれの概要は，およそ次のように整理できます。

> 隠喩 ……… 似ているものに転義する比喩
> 換喩 ……… つながっているものに転義する比喩
> 提喩 ……… 上位語と下位語の間で転義する比喩

ここに挙げた〈隠喩〉〈換喩〉〈提喩〉のうち，隠喩は，学校の国
語科で扱われるものと同じですが，〈換喩〉と〈提喩〉は一般には
馴染みのない用語かもしれません。とは言っても，内実は，それ
ほど難しくはないと思われます。

　まず，隠喩は，転義という観点から定義すると，「似ているも
のに転義する比喩」ということができます。パンの種類を使って
説明するなら，〈隠喩〉は「クロワッサン」で説明できます。

図 3

「クロワッサン」というのは，もともとフランス語で「三日月」を
表します。「クロワッサンを食べる」というとき，もちろん夜空
に見える「三日月」を食べるわけではなく，「三日月」に形が似た
パンのことを指しますので，「クロワッサン」は「三日月」から
「三日月に形が似たパン」に転義したことになります。このとき，
「三日月」と「三日月に形が似たパン」は「似ている関係」に基づ
いて転義していますので，上掲の種類で言うと〈隠喩〉というこ

とになります。

　第2に，〈換喩〉というのは，「つながっているものに転義する比喩」であり，パンの種類を使って説明するなら，「サンドイッチ」で説明できます。

図4

「サンドイッチ」というのは，イングランド貴族における伯爵の一つで，1660年，イングランド王のチャールズ2世から爵位を授けられて以来，モンタギュー家という一族が引き継いでいるようです。「サンドイッチを食べる」というとき，もちろん，「サンドイッチ伯爵」という貴族を食べるのではなく，第4代のサンドイッチ伯爵だったジョン・モンタギューという人が好んだという「パンに食材を挟んだもの」を指しますので，「サンドイッチ」は，「（サンドイッチ伯爵という）貴族」から「パン」に転義したことになりますが，このとき，「貴族」と「パン」は〈似ている関係〉にはありません。いわば，「発案者」と「発案されたもの」の関係というべきものですが，両者は何ら似ている関係にはなく，ここでは「つながっている関係」という言い方で整理しておきます。これが〈換喩〉の例にあたります。[2]

---

　[2] 「サンドイッチ」の語源について，正確には第4代サンドイッチ伯爵の

　第3に，〈提喩〉というのは，「上位語と下位語の間で転義する比喩」であり，パンの種類を使って説明するなら，「食パン」で説明できます。

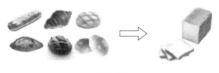

図5

「食パン」は，文字通りに解釈すると「食べるためのパン」ですが，そもそもパンというのは食べるためのものですから，あらゆるパンは「食パン」と言ってもいいわけです。ところが，実際に日本で「食パン」と言えば右の図のようなものに限定して使われますので，「食パン」という表現は，「食べるパン」の中でも特定の種類のパンだけを指すことになります。全体の中で特定の種類だけを指すというのが提喩です。言い換えれば，「食べるパン」全体を上位語とすると，いわゆる「食パン」は下位語になりますので，「食パン」は，上位語から下位語に転義したということになります。[3]

　ここで挙げた〈隠喩〉〈換喩〉〈提喩〉の三つが，現在，理論言語学において主要な比喩として扱われています。比喩というと，

ジョン・モンタギュー自身が初めて食べたわけではなく，それ以前から食されていたとも言われますが，パンに肉を挟んだものの名称が第4代サンドイッチ伯爵の名前とともに広まったのは確かのようです。

　[3] 提喩は，上位語から下位語に転義するもののほかに，下位語から上位語からに転義するものもあります。この点については，第3節で取り上げます。

一般に「似ている」ものに喩えることを指しますが，換喩や提喩のように「似ていない関係」の比喩があることが，国語科にとって新しい部分かと思われます。上の説明を，あらためて整理すると，次のようになります。

隠喩　　「クロワッサン」＝「三日月」→「（三日月型の）パン」

換喩　　「サンドイッチ」＝「サンドイッチ伯爵」→「パンに食材を挟んだもの」

提喩　　「食パン」＝「食べるためのパン」→「いわゆる食パン」

これら主要な3分類に直喩を含めて整理すれば，次のようになります。

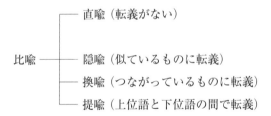

この分類は，転義の観点から比喩を整理したものであり，直喩は転義が起きないのに対し，隠喩・換喩・提喩には転義が起きるという点で大きな差異が見られます。隠喩・換喩・提喩の違いは，転義の仕方の違いに帰着されます。

　転義に関して重要なことの一つは，記号の解釈における二重性という点です。〈文字通りの意味〉としての一次的解釈と，〈文字

通りでない意味〉としての二次的解釈の両方を理解でき，両者が
派生関係にあることを理解できなければならないということで
す。「クロワッサン」の例で言うと，〈文字通りの意味〉として
「三日月」を表すというのが一次的解釈であり，それが「（三日月
型の）パン」を表すというのが二次的解釈にあたります。実際に
は，「クロワッサン」を最初から「（三日月型の）パン」と解釈す
る人の方が多いかもしれませんが，「三日月」という一次的解釈
（原義）も分かり，二次的解釈としての「（三日月型の）パン」と
いう二次的意味への派生関係を理解することが重要です。このと
き，二次的解釈で理解する人が多いようなケースであれば，必ず
しも二重性を求める必要はないのではないかいう反論も予想され
るところですが，この二重性が重要なのは，二重性を理解する解
釈力が，物語読解や対人コミュニケーションにおいて，非明示的
な〈文字通りでない意味〉を見いだすことに繋がるからです。

> ☞ 転義という現象によって，ことばは別の意味に変化する。
> 転義は，〈似ているものに意味が変わる〉〈繋がっているも
> のに意味が変わる〉〈上位語と下位語の間で意味が変わる〉
> という 3 種類に対応して，隠喩・換喩・提喩がある。

3.　隠喩と擬人法

　この第 3 節では，転義という観点から隠喩と擬人法を取り上
げます。先述のように，隠喩は似ているものに転義する比喩であ
ります。学校の国語科では，隠喩と擬人法が並列に扱われます

が，転義の観点からいうと擬人法は隠喩の一種であり，この点についても説明したいと思います。

　先述の例で言えば，隠喩は「クロワッサン」が該当しますが，日常表現の中では，ほかに次のような例が観察されます。

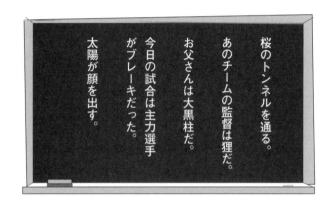

桜のトンネルを通る。
あのチームの監督は狸だ。
お父さんは大黒柱だ。
今日の試合は主力選手がブレーキだった。
太陽が顔を出す。

「桜のトンネル」というのは，桜並木が道の両側に続いている様子を表していると解釈できます。もともと「トンネル」というのは山や地中に穴を掘って通行できるようにしたものですから，「桜のトンネル」という中の「トンネル」は，文字通りの意味での「トンネル」ではありません。「桜のトンネル」は，「トンネル」という部分が「トンネル」に似ているものに転義していますので，隠喩ということになります。次の「監督は狸」というとき，「監督」が人間のことであるならば，その「監督」が「狸」そのものということはありませんので，「体型が狸に似ている」か「（狸のように）人を騙す存在」のような意味で用いられています。「大黒柱」というのも古い言い方のような気もしますが，もちろん

「お父さん」＝「柱」のはずはなく,「（大黒柱のように）家全体を
支える存在」のような意味に転義しています。[4]「主力選手がブ
レーキだった」というとき,「主力選手」は,普通,人間のこと
を指していると解釈されますので,そうである限り,機械として
の「ブレーキ」ではありません。ここでの「ブレーキ」は,およ
そ「試合での活動を低下させる原因」のような意味に転義してい
ると解釈されます。「主力選手」と本来の「ブレーキ」は,「運動
するものの勢いを低下させる」という点で機能が類似しているか
らです。最後の「太陽が顔を出す」では,もちろん,そもそも
「太陽」には「顔」さえもなく,ただ日の出の様子が,ちょうど人
間の「顔を出す」姿に似ているということですから,基本分類に
よれば隠喩にあたります。学校流の分類では,「擬人法（personi-
fication）」にあたり,人間でないものを人間に喩える（見立てる）
ものですが,言語研究では,実は擬人法は,独立した分類という
より,むしろ隠喩の下位分類に入れるべきものとされておりま
す。なぜならば,たまたま喩えられるものが人間だったというだ
けで,擬人法も,似ているものに転義するという点で隠喩と何ら
変わらないからです。

　隠喩は慣用句の中にも見られます。そもそも,慣用句というの
は〈文字通りの意味〉ではありません。〈文字通りの意味〉ではな
いからこそ,慣用句として一般性をもつものとして解釈されると
言えるでしょう。慣用句が〈文字通りでない意味〉をもつという

---

[4]「大黒柱」は,日本の民家の中央部分にあって家屋を支える太い柱で,伝
統的に黒く塗られていたものをいいます。

50

ことは，その中で〈転義〉が起きているということですから，慣用句も転義の観点から見ると，比喩の種類で分類することができ，意味の成り立ちも良く分かるようになります。

足が棒になる

立て板に水

「足が棒になる」のような慣用句において「足」＝「棒」ということはありませんので，「棒」は文字通りの意味の「棒」そのものではなく，およそ「細くて硬いもの」という意味に微妙に変化しています。「立て板に水」というのは「すらすらと話す」様子を表す表現として解釈されますが，板を立てかけて水を流したときに淀みなく流れる様子が，すらすらと話す様子と類似性を持つことから転義したものということになります。[5]

　隠喩について，教科書から用例を挙げれば，次のようなものが見られます。

---

[5] このように慣用句を比喩によって体系的に分析しようとする試みは籾山洋介 (1997) が嚆矢であり，その発想に本書の分析も依拠しています。

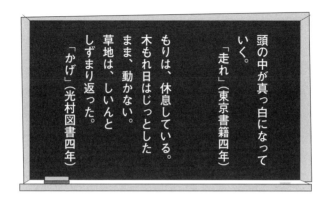

「頭の中が真っ白になっていく」というのは,「走れ」という物語教材(東京書籍 4 年)の一節であり,「頭の中」は「思考」と解釈され,「白くなる」が「何もない状態」として解釈されることで,全体として「何も考えられない状態」と解釈されます。この部分は,短距離走における女の子の緊張状態を表しています。「かげ」(光村図書 4 年)の例で,「もりは,休息している」「木もれ日はじっとしたまま,動かない」「草地は,しいんとしずまり返った」は,いずれも国語科でいう「擬人法」と呼ばれる修辞法ですが,人間でないものを人間に似せて転義させるという点で,本書では隠喩の一種として扱うことにします。では,具体的に,「休息している」「動かない」「しずまり返った」という表現は,どのように解釈できるでしょうか。「もりが休息する」というとき,「休息」というのは「停止」や「終了」と異なり,一時的には止まるけれども,再び活動を開始する状態であることがわかります。「木もれ日が動かない」については,逆に「木もれ日が動く」場合から考えると,太陽の光は非常にゆっくりにしか変化しませんから,特

に「木もれ日が動く」ように見えるのは風で枝が揺れるときです。そうすると,「木もれ日が動かない」というのは,風が止んで枝が揺れていないということになります。「草木がしずまり返った」というとき,「しずまり返る」というのは「音をたてない」ことであり,逆に「草木が音をたてる」ときを考えると,草木が揺れるときですから,「草木が音をたてない」ときに戻すと,草木が揺れない状態ということになります。

① もりが休息している → もりの活動が一時的に止まる
② 木もれ日が動かない → 風が止んで枝が揺れていない
③ 草木がしずまり返った → 風がなく草木が揺れない

これらの表現を大きく見返すとき,①が「もり」全体のことを言っており,②と③が枝や草木のことを言っていると分かれば,全体的な①に対して,②と③が細かく補足しているという関係が見えてきます。

　以上,第2章では,転義という観点から,隠喩と直喩と擬人法について日常生活や教材に,いかに浸透しているかを見てきました。

　☞ 転義を伴う現象は,日常生活の中に多く見られ,文学に固有のものではない。転義の種類で考えると慣用句の意味も論理的に理解することができる。

コラム

社会科教科書の中の隠喩

　隠喩は社会科の教科書にも見られます。帝国書院『社会科中学生の公民：より良い社会をめざして』（2016年）の168ページに「日本海に浮かぶ島根県の竹島もまた，日本固有の領土です」という記述があります。竹島は日本海に「浮かんでいる」はずはなく，海底とつながっているわけですから，厳密には「浮かんでいるような」と直喩で言うべきなのでしょうが，「日本海に浮かぶ」のように隠喩で書かれているところが面白いと思われます。

第 3 章

似ていない比喩
── 換喩と提喩 ──

56

　比喩と言えば，似ているものに喩えるというのが一般的な理解でしょうが，転義という観点から見ると，比喩には，似ているものに喩える比喩でないものもあります。この第3章では，そのような「似ていない比喩」としての換喩と提喩を取り上げます。

1. 換喩（その1）―モノとモノが入れ替わる

　換喩（metonymy）は，〈つながっている関係〉に基づいて転義する比喩です。ここでいう〈つながっている関係〉は，空間的な隣接関係や時間的な隣接関係に加え，因果関係などを含め，十分に広く考える必要があります。前章で挙げたパンの例で言えば，「サンドイッチ」が該当します。[1]

　日常表現の中では次のような例が観察されます。

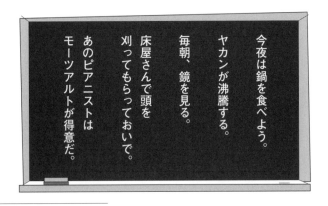

今夜は鍋を食べよう。

ヤカンが沸騰する。

毎朝，鏡を見る。

床屋さんで頭を刈ってもらっておいで。

あのピアニストはモーツァルトが得意だ。

---

[1] 瀬戸賢一（1997: 43）の言い方を借りれば，換喩は指示対象が「ずれる」

「鍋を食べる」というとき，文字通りに「鍋」そのものを食べるは
ずはなく，実質的には「鍋の中の食材」を食べるわけですので，
「鍋」という表現が「鍋の中のもの（＝食材）」に転義していること
が分かります。同様に，「ヤカンが沸騰する」といっても，文字通
りに「ヤカン」そのものが沸騰するのではなく，「ヤカンの中の
湯」が沸騰するわけですから，「ヤカン」という容器から「湯」と
いう中身に転義していることになります。「鏡」を見るというとき，
「鏡」そのものをジロジロ見るのではなく，通常「鏡に映った自
分」を見ていることになりますので，「鏡」→「鏡に映った自分」
のような転義が起きていることになります。「頭を刈る」という
とき，文字通りの意味での「頭」を本当に「刈る」ということを
したら人を死亡させることになってしまいますので，ここでいう
「頭」は「（頭の）髪」をさしていると解釈されます。これが換喩
と分類されるのは，文字通りの意味としての「頭」と転義された
意味としての「髪」は，似ている関係ではなく，空間的に繋がっ
ている関係にあるからです。最後の例で，「モーツアルトが得意
だ」というとき，「モーツアルト」は，文字通り「モーツアルト」
という作曲家自身ではなく，その「モーツアルト」が作曲した
「モーツアルトの作品」と解釈されます。このとき，「モーツアル
ト」から「モーツアルトの作品」に転義していることになります。

　ここでのポイントは，〈文字通りの意味〉で解釈しようとして
論理的におかしいときは，〈文字通りでない意味〉に転義してい
ると考えるといいということです。文字通りに「鍋（そのもの）

　ことで生じる転義ということになります。

58

を食べる」というのはおかしいわけで，「鍋」は別の意味を表しているると考える必要があり，その上で「鍋」→「鍋の中の食材」という推論をすることになるわけです。

　もう一つ，次の例を見てください。

最初の例で，「黒板を消す」というとき，〈文字通りの意味〉で解釈するならば「黒板」そのものを消してしまうことになりますが，実質的には「（黒板に書かれた）文字を消す」と解釈されます。これが換喩になるのは，〈文字通りの意味〉の「黒板」と〈文字通りでない意味〉の「文字」が空間的に繋がっている関係にあるからです。二つ目に，「トイレを流す」といっても，「トイレ」そのものを流してしまうのではなく，実質的には「トイレの水」を流すことですから，「トイレ」という言い方が「トイレの水」という空間的につながっているものにズレていることがわかると思います。三つ目に，国道で「パトカーが違反車を捕まえた」というとき，「パトカー」は，〈文字通りの意味〉としては警察車両ですか

ら、「パトカー」という車両そのものが「捕まえる」ことができる
はずはありません。もちろん，違反した人を捕まえるのは，「パ
トカー」ではなく「（パトカーに乗っている）警察官」です。この
文の中には，もう一つ注目すべきものがあり，捕まえられるのは
「違反車」という「車」ではなく，「（違反車を運転している）運転
手」ですから，全体としては，「（パトカーに乗っている）警察官」
が「（違反車を運転している）運転手」を捕まえたということにな
ります。最後の「裁判所が判決を下す」というとき，〈文字通り
の意味〉での「裁判所」というのは場所や機関を表し，場所や機
関そのものが「判決を下した」ということはありませんので，実
質的に「裁判所」は「（裁判所にいる）裁判官」を表していると解
釈されます。最後の「学校から電話があった」という表現におい
て，「学校」という建物が電話を掛けるのではなく，「（学校の）
職員」が電話を掛けたものと解釈されます。ここでも「学校」が
「職員」という〈ヒト〉に転義していることになります。

　次の表現は，いかがですか。

「大坂城を建てたのは
誰ですか」
「豊臣秀吉です」
織田信長は桶狭間で
今川義元を討ち取った。
父は昨年心臓の手術を
しました。

「大坂城を建てたのは誰ですか」という問いに対して,「豊臣秀吉
です」と答えるのが普通なのでしょうが,あえて「大工さんです」
という答えもあるでしょうか。実際に築城の作業を行ったのは,
たしかに大工や石工たちであり,直接的に工事をした「大工さん
です」という方が正確な答えということもできるでしょうが,そ
れでも「豊臣秀吉です」という答えの方が自然に感じられるのも
確かです。というのも,この中の「豊臣秀吉」は実は「(豊臣秀吉
の命令を受けた)大工さん」を表すという点で,命令系統でつな
がっている関係で転義しており,換喩とみなすことができるから
です。同様に,「織田信長は今川義元を討ち取った」というとき
も,1560年の桶狭間の戦いで織田軍が今川軍を急襲し今川義元
を討ち取ったのは確かですが,直接,織田信長本人が今川義元を
討ち取ったわけではありません。今川義元を討ち取ったのは織田
家臣の毛利良勝という武将だったそうで,それでも,「織田信長
は今川義元を討ち取った」とか「今川義元は織田信長に討ち取ら
れた」という言い方は自然なものと解釈されます。その場合の
「織田信長」は実は「(織田信長の配下にあった)毛利良勝」を指
すことができ,間違った表現ではないわけです。三つ目に,「父
は昨年心臓の手術をしました」というとき,「父」が医者ではな
く,患者であるとすると,まるで「父」が自分で自分に手術をし
たように読めてしまいます。もちろん,実際に「手術をした」の
は「医師」ですので,「医師は昨年(父の)心臓の手術をしました」
というのが正確な表現ということになるわけですが,それでも,
「父は昨年心臓の手術をしました」という表現が自然に成立する
のは,その手術に関して「父」と「医師」が換喩的に繋がってい

るからと説明できます。[2]

　換喩は慣用句にも見られます。

口は災いのもと

急に口数が減った。

美しい景色が目に入る

子どもから目が離せない

笑う門には福来たる。

「笑う門には福来たる」という慣用句では，「笑う門」という言い方があり，この「かど」は「（家の）門」のことですから，表面的には「門が笑う」ということになりますが，建築物としての「門」が笑うはずはなく，この「門」は「その門の家に住んでいる人」を指すと解釈されなければなりません。「目」について，「目が離せない」も「目に入る」も，「目」は「目」そのものではなく，「視線」あるいは「視界」という意味として解釈することで，それぞれ「視線が離せない」や「視界に入る」のように解釈されます。「口数が減る」というのも，人間には「口」は一つしかなく，それが「減る」ということはあり得ない話ですから，ここでの「口」は，文字通りの「口」ではなく，「（口から発せられる）ことば」

---

[2] 類例に「姉は美容院で髪を切った」や「兄は就職活動のため新しいスーツを作った」のような表現にも同じことが言えます。

62

と解釈しなければなりません。それによって、「口数が減る」は「ことば数が減る」ということになり、要するに「しゃべらなくなる」という〈文字通りでない意味〉で解釈されることになるわけです。同様に「口は災いのもと」という慣用句も、「口」そのものが何らかの災いをもたらすということではなく、「口」から「ことば」に転義しています。そうすることで、実質的に「ことばは災いの元」と解釈することができます。

　このような慣用句は、文学教材の中にも出てきます。

これは『百年後のふるさとを守る』（光村図書5年）という教材の一節です。この中で、「目がすい付けられる」というときの「目」は、顔面の「目」ではなく、「（目で見たときの）視線」と解釈できます。このとき、「目がすい付けられる」というフレーズ全体で「視線を向けたままになる」のような意味になるという慣用句としての結果だけを教えるのではなく、何故そのような意味なるかが分かると、「目が離せない」や「目に入る」といった慣用

句も意味を類推することが可能になります。「目が離せない」の「目」は「（目で見るときの）視線」に転義しており，全体として「視線が離せない」と解釈されますし，「目に入る」の「目」は「（目で見える範囲としての）視界」に転義しており，全体として「視界に入る」と解釈されます。

☞ 繋がっているモノの間で意味がずれる現象（換喩）は日常表現の中に多く見られる。

コラム

非論理的に見えても大丈夫（結果目的語）

　ここでいう比喩の理論から見ると，非論理的のように見える表現にも正当性を説明することができます。たとえば，「お湯を沸かす」という表現は，日常生活の中で普通に使われているものですが，厳密に言えば，直接的に「沸かす」という行為の対象になるのは「水」であって，「お湯」ではないはずです。「水」を「沸かす」ことによって「お湯」になるのであって，はじめから「お湯」があるわけではないからです。では，「お湯を沸かす」という表現は間違っているかと言えばそうでもなく，換喩現象として文法的に説明することが可能です。すなわち，「沸かす」という行為によって，「水」は最終的に「お湯」に変化するわけですから，一連の行為の中で「水」と「お湯」は時間的に繋がっているのであり，いわば結果状態としての「お湯」を先取りして「沸かす」の目的語に持ってきたという現象が起きているわけです。このように結果として生じるものを先取りして目的語の位置に置く現象は文法用語で「結

64

果目的語」と呼ばれ，結果目的語は換喩現象の一つとして説明できることになります。同様の例に，「穴を掘る」や「ホームランを打つ」などがあります。最初から「穴」があって，それを「掘る」のではなく，いわば「（まだ穴のない）地面」を「掘る」ことによって「穴」ができるわけですし，野球で打者が直接的に「打つ」のは「ボール」であって，それを巧みに打った結果「ホームラン」になるわけです。いずれも，結果として「穴」や「ホームラン」を先取りして，繋がっているものと置き換えている点で換喩現象として説明することが可能です。なお，同様の現象は，英語でも We dag a hole.（穴を掘った）や He hit a two-run home run.（2 ランホームランを打った）のように表現されますので，日本語だけの特殊な現象でないことも分かると思います。

コラム

擬音語と換喩

　子どもは，幼児期に擬音語を多く使う傾向があるといわれます。その理由の一つに，擬音語が別の対象を換喩的に代用していることが指摘できると思います。たとえば，「ワンワンがいる」「ブーブーに乗る」「ゴロゴロが来た」のような表現が見られ，「ワンワン」「ブーブー」「ゴロゴロ」は，それぞれ，犬・自動車・雷を表します。

ワンワン　ブーブー　ゴロゴロ

犬のことを「ワンワン」と言いますが，犬という動物の鳴き声を「ワンワン」という擬音語で表しているわけですから，現実世界で犬と「ワンワン」がつながっていることは明らかです。その〈つながっている関係〉に基づいて「ワンワン」が「犬」に転義しているとすれば，換喩の例にあたります。このとき，犬のことを指すのに，「イヌ（inu）」という抽象的な記号よりも，「ワンワン」という直接的に知覚できるものを使う方が容易であることは明らかでしょう。同様に，自動車のことを「ブーブー」というのは，自動車から発せられる音を「ブーブー」という擬音語で表したからでありますので，「ブーブー」が自動車に転義するのも換喩の一つになります。もちろん，幼児にとって「ジドウシャ」と言う抽象的な表現よりも「ブーブー」という直接的に知覚される表現の方が容易なわけです。雷のことを「ゴロゴロ」というのも同様で，落雷に伴って発生する音を表す「ゴロゴロ」という擬音語が「雷」に転義しているからであり，その意味で，幼児は換喩を使いこなしているということもできるのです。

コラム

「カモシカのような脚」はおかしいか

あるタレントさんが「カモシカのような脚」というのは変であり，「カモシカの脚のような脚」というべきであろうと発言したという話があります。「カモシカのような脚」というのは，「人間の女性の細い脚」を褒めるときに使われる慣用的な表現ですが，たしかに，〈文字通りの意味〉に解釈すれば，「脚そのものがカモシカの姿に似ている」とも読めますので，人間

の脚に「カモシカ」そのものが付いていることになってしまうのではないか，という指摘のようです。そのような指摘を受け入れるなら，「カモシカの脚のような脚」と言い換えることで，「カモシカの脚」と「（人間の）脚」を比べることになりますので，より論理的と言えるかもしれません。ここで，換喩という表現法を考慮に入れて，「カモシカ」→「カモシカの脚」を表している（転義している）と解釈すれば全体として辻褄が合うだけでなく，同様の例にも一元的な説明を与えることが可能になります。たとえば，「あなたのカバンは私と同じ」というとき，それほど不自然には感じないと思われますが，論理的に考えると，「あなたのカバン」＝「私」と言っているように見えなくもありません。ここでも，「私」が「（私の持ち物としての）カバン」に転義している点で，普通の換喩表現であり，結論として何ら問題ないわけです。いずれも，表面的に論理的でないように見えるものも，実は自然に成り立っているということに気づくことが重要です。

2. 換喩（その2）──行為が入れ替わる

　第2節では，行為に関する換喩を紹介します。換喩の中には，前節で見たようなモノからモノに転義する換喩だけでなく，モノからコト（行為）に転義する換喩やコトからコトに転義する換喩も観察されます。

　次に挙げたのは，換喩のうち，モノから行為に転義する例です。

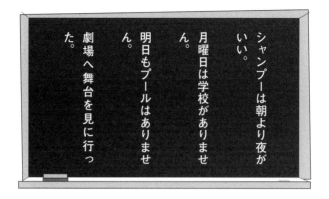

シャンプーは朝より夜がいい。

月曜日は学校がありません。

明日もプールはありません。

劇場へ舞台を見に行った。

「シャンプー」というのも，文字通りには「洗髪用の石鹸」でありますから，その「石鹸」について「朝」がいいとか「夜」がいいとか言うのはおかしな感じがするかもしれません。この「シャンプー」は「洗髪」の意味で解釈されており，「シャンプー」という〈モノ〉から，それを使って行う「洗髪」という〈行為〉へと転義が起きています。次の「学校がありません」という表現においては，「学校」という建物（モノ）がなくなるわけではなく，そこで行われる「授業」という行為がないという意味で解釈されます。[3] 同様に「プールはありません」というとき，突然にして「プール」が消えてしまうのではなく，「プール」において行われる「水泳」という行為がないことを表しています。「プール」という物（設

---

[3] 第2節で挙げた「学校から電話があった」という表現は，「学校」が「（学校の）職員」という〈ヒト〉に転義する例でしたが，ここでの「月曜日は学校がありません」というのは，「学校」が「（学校で行われる）授業」という〈行為〉に転義する例であり，同じ「学校」が複数の異なる意味に転義することが分かります。

68

備)が「水泳」という行為に転義していることがわかります。また，「舞台を見に行く」というときも，文字通り「舞台」そのものを見に行くわけではなく，その「舞台」の上で行われる「演劇」や「パフォーマンス」を見るのであって，「舞台」という表現が「演劇」あるいは「パフォーマンス」という行為に転義していることが分かると思います。

　次に挙げたのは，換喩のうち，時間的な前後関係や同時関係に基づく転義が見られる例です。(1)–(3) は，時間的な前後関係に基づいて，前に起きる出来事を表したり後ろに起きる出来事を表したりする例であり，(4)–(6) は，時間的な同時関係に基づいて，同じ瞬間に別の側面を表す例です。

(1) トイレに行きたくなった。
(2) 早く布団に入りなさい。
(3) 毎朝、畑に行きます。
(4) チャイムが鳴りましたよ。
(5) 夜遅くまで部屋に電気がついていた。
(6) 廊下から足音が聞こえた。

このうち，(1) の「トイレに行く」というのは，本当に「トイレに行く」ことだけが目的でしょうか。言うまでもなく，「トイレ」に着いただけで目的が達成されるのではなく，本当の目的は「トイレ」に着いた後に行うことのはずです。その本当の目的は，放

尿や排便とでも言うべきことですが，直接それを言わないように
するために，あえて「トイレに行く」と表現していることが分か
ります。直接的には言いたくないことを，「トイレに行く」とい
う直前の行為や，「手洗い」という直後の行為で表そうとしたも
のです。(2) の「早く布団に入りなさい」というのは，大人が子
どもに言ったものとします。もちろん，この「布団に入る」とい
う表現は，ただ「布団の中に体を入れる」というだけではありま
せん。「布団に入って，そのまま寝なさい」と言っているわけで
すから，「寝なさい」という意味を読みとらなければなりません。
このとき，「布団に入る」ことと「入眠する」ことは時間的に接続
した一連の行為であり，前者から後者を推論するのに経験的な蓄
積は十分といっていいと思われます。同様に，「畑に行く」とい
うときも，「畑に行く」こと自体が目的ではなく，そこで「耕す」
とか「野菜を植える」あるいは「手入れする」という「農作業」を
指していることを理解しなければなりません。以上の (1)-(3)
は，時間的な前後関係に基づく転義でしたが，(4)-(6) は，時間
的な同時関係に基づく転義の例です。(4) の「チャイムが鳴る」
というのは，単に教室のスピーカーから「チャイムの音が鳴りま
したよ」といっているだけでなく，「授業が始まる」か「授業が終
わる」という意味で解釈されます。いずれも，直接は書かれてい
ない意味を読み取る点で，〈文字通りでない意味〉を理解してい
ることになります。(5) の「部屋に電気がついていた」は，単に
電気の点灯状態や消し忘れのことをいっているというより，その
時間に「部屋に誰かがいる」あるいは「何かをしている」という
意味で解釈されます。「電気がついている」のと「誰かがいる」の

は同時に起きていますので，この点で（4）と同じく，時間的な同時関係に基づく換喩ということになります。同様に，（6）の「足音が聞こえる」というとき，表面的には単に「音」の発生と知覚を表しているに過ぎませんが，「足音」が発生するということは，その原因として「誰かが歩いている」ということが想定でき，実質的には，むしろ「誰かが歩いている」と理解されます。[4]

　このような時間的な前後関係に基づく換喩は慣用句の中にも観察されます。

幕があがる。
幕がおりる。
花子がついに口を開いた。
太郎は最後まで首を縦に振らなかった。
父は急に顔が青ざめた。

---

[4] 換喩は「繋がっているものに転義する比喩」ですが，繋がっている関係とは，どのようなものが考えられるでしょうか。「人と付随物」や「行為の前後関係」など細かく下位分類すれば切りがなく，Peirsman and Geeraerts（2006: 276-277）では換喩に 23 の種類を挙げています。瀬戸賢一（1997:164）は，暫定的に 9 つの下位分類を示した上で，最終的には〈空間的な隣接関係に基づく換喩〉と〈時間的な隣接関係に基づく換喩〉に集約しています。このことは，結局のところ，換喩が〈隣接関係〉という性質によってのみ一元的に特徴づけられることを示しています。

「幕があがる」とか「幕がおりる」と言うとき，どのような意味で
使われているでしょうか。「幕があがる」というのは「演目が始
まる」という意味であり，「幕がおりる」は「演目が終わる」とい
う意味で用いられます。劇場や舞台で演目が行われるとき，最初
は幕がおりていて，演目が始まるときに幕があがり，演目が終わ
ると幕がおりるという一連の流れが慣習化され，「幕があがる」
→「演目が始まる」→「演目が終わる」→「幕がおりる」のように
繋がっていますので，その中の前後関係に基づいて意味がズレて
いるわけです。次の「口を開く」というのも，ただ唇を上下に広
げたというだけでなく，その行為に続いて言葉を発することを表
し，実質的に「話し始める」という意味に転義していることが分
かります。「首を縦に振る」というのも，単なる上下運動ではな
く，その行為が「承諾する」ときに同時に起きるものであるがゆ
えに，「承諾する」に転義することができるわけです。こうした
「口を開く」や「首を縦に振る」のように行為が別の行為を表すも
のの延長に，行為が心情を表すものを位置づけることができま
す。「顔が青ざめる」というのは，単に顔色の変化や虚弱という
生理現象を表しているのではなく，そのときに同時に起きている
「怖がっている」という心情を反映したものと解釈されます。こ
のような転義表現の理解が物語読解に繋がっていくのです。

　国語科の教材から，行為から別の行為へ転義する換喩を挙げる
と，次のような例があります。

六十歳をこえた今も、現場に立ち続ける国村次郎、日本の職人魂がここにある。

「プロフェッショナルたち」
（東京書籍六年）

これは説明的文章の中の一節であり，「現場に立ち続ける」の部分に転義が含まれています。「現場に立つ」というのは，ただ，文字通りに「現場に立つ」ことだけではありません。身近な例として，「ピッチャーマウンドに立つ」や「試合でバレーコートに立つ」という言い方で考えてみましょう。ただ，「ピッチャーマウンド」や「バレーコート」という場所に立つことだけでなく，そこで「ピッチャー（投手）として投げる」や「バレーの試合に選手として出場する」という意味での解釈を導くことができると思います。そうすると，「現場に立ち続ける」は「そこで仕事をし続ける」という意味で解釈でき，含意として「まだ仕事をやめていない」と解釈してもよいわけです。このとき，「現場に立つ」という行為は，「そこで仕事をする」という行為の一部分という関係にあたりますので，理論的には，行為の一部が行為の全体を表すという換喩的な表現になります。類例として，「運転席に座る」「ハンドルを握る」「マイクを握る」のような表現で応用練習も可能でしょう。いずれも定型的な慣用句ではありませんが，感

覚的に理解するのではなく，それは〈文字通りでない意味〉を表していることが分かると，自信をもって読んでいくことができるようになります。

> ☞ 時間的に繋がっている行為の間で意味がずれることにより，行為が別の行為を表すようになる。その中でも，慣用句より慣用句化されていない転義表現の方が読解の難易度は高い。

コラム

図形の転義

　次に挙げた二つの図は，ユニバーサルデザインとして広く用いられている標識の一部です。直接的に何が描かれているかはすぐ分かるでしょうが，実質的に，それとは別のものを表していることが分かるでしょう。

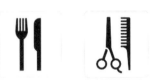

左の図に直接的に描かれているのは，「フォークとスプーン」ですが，「何のことか」と聞けば，「レストラン」と答えますし，右の図も直接的に描かれているのは「ハサミと櫛」ですが，一般に「美容院」あるいは「床屋」と解釈されます。記号の意味が〈モノ〉から〈行為〉に転義する例です。

3. 提喩 — 上位語と下位語の転義

　三つ目の提喩（synecdoche）は，上位語が下位語に転義したり，下位語が上位語に転義する比喩です。先述の例で言えば，「食パン」が該当します。

　日常表現の中では次のような例が観察されます。

今日は花見に行こう。

姉は光り物が好きだ。

青いものを食べなさい。

空から白いものが降って来た。

頭に白いものが増えた。

最初の例で，「花見」の「花」は「桜」を指し，通常「バラ」や「ひまわり」を見に行くことを指しません。このとき，「花」から「桜」に転義が起こっていますが，「花」に対して「桜」は下位概念です。次の「光り物」も，決して蛍や蛍光灯を指すことはなく，貴金属を指します。貴金属は「光り物」の一つですから，提喩ということになります。三つ目に「青いもの」と言うとき，文字通りには青色をしていれば何でも「青いもの」になるわけですが，「青いものを食べなさい」と言うときの「青いもの」は，青色をしているもののうち「青い野菜（＝ホウレンソウやパセリなど）」を指

します。もともと色彩語としての「青」は古くから「青色」だけでなく「緑色」や「藍色」を指しており，ホウレンソウ，パセリ，ブロッコリー，小松菜などは緑色をしていますが，日本語では「青」で表されますので，「青いもの」に含まれるわけです。要点は，「青いもの」という広い言い方をしていながら「青い野菜」という特定のものを指していますので，提喩になるわけです。[5]

　4つ目と5つ目では，同じ「白いもの」という表現が含まれていますが，解釈は異なります。4つ目の「空から白いものが降ってきた」と言うときの「白いもの」は「雪」をさしますし，5つ目の「頭に白いものが増えた」と言うときの「白いもの」は「白髪」をさします。「白いもの」というのは，白色をしていれば全部「白いもの」になりますが，「白いもの」という上位語から，実際には「雪」や「白髪」のような下位語に転義しています。これが提喩です。

　提喩は，「花」→「桜」のように上位語から下位語に転義するもののほかに，逆向きの転義，つまり，下位語から上位語に転義するものもあります。次の例をみてください。

---

　[5] 古い日本語には色を表す語が少なく，最初は4語しかなかったと言われています。その四つとは，「シロ」「クロ」「アカ」「アオ」でした。この4語で様々な色を表していたということは，「アカ」や「アオ」は現在よりも広い範囲の色を表していたことで，実際，古い時代の「アカ」は，「赤」だけでなく，現在の「紫」や「橙」も表し，「アオ」は「青」だけでなく，現代の「藍」「青」「緑」もカバーしていました。その名残として，現代でも「アオガエル」「青竹」「青海苔」「青リンゴ」は，いずれも「緑」ですが，これを「青」で表すのは古い時代の影響と考えることができます。

今日のご飯は何ですか。

喫茶店でお茶でも
飲みましょう。

下駄箱

筆入れ

花より団子

「今日のご飯」というときの「ご飯」は必ずしも「米を炊いたもの（＝ライス）」を指すとは限りません。「今日のご飯は何ですか」という問いに対して「ラーメン」であったり「パン」であったりしてもいいわけですので，この「ご飯」は実質的に「食事」一般を指していることになります。同様に，「喫茶店でお茶を飲む」というときの「お茶」も，いわゆる「日本茶」に限定されず，「コーヒー」や「ジュース」でもいいわけですので，実質的には「飲み物」一般を指していることになります（ちなみに，普通「喫茶店」で「お茶」をメニューに入れているところはあまりないように思います）。学校で「筆入れ」や「下駄箱」というのは，もはや古い言い方なのかもしれません。文字通りに解釈すれば「筆入れ」は「筆を入れるもの」ということです。

もちろん，「筆入れ」に「筆」を入れてもいいのですが，実際に入っているのは鉛筆などの「筆記具」ですから，ことばのレベルでは「筆」という下位語から「筆記具」という上位語に転義していることになります。同様に，文字通りの意味の「下駄箱」は「下駄を入れる箱」ですが，実際に入っているのは「スニーカー」や「長靴」でもいいわけですから，「下駄」という特定の下位語から「履物」という一般的な上位語に転義していることがわかります。[6]

　ここで，「花」→「桜」のような上位語から下位語への提喩と，「ご飯」→「食事」のような下位語から上位語への提喩を整理すると，前者は〈ぼかす〉という操作が見られ，後者は〈代表させる〉という操作として見ることができます。「桜」というべきところを「花」というのは個別の名称を〈ぼかす〉ことであり，「食事」というところに「ご飯」というのは特定のメンバーで〈代表させる〉と言えるからです。

　最後に，換喩と提喩の区別について確認しておきたいと思います。換喩と提喩は，基本的には，それぞれ，隣接関係と包含関係（類と種の関係）に基づいて転義を起こす比喩ですが，換喩の中でも〈全体と部分の関係〉に基づくものと提喩が混乱されやすいかもしれません。比喩に関する古典的文献の一つともいえる佐藤

---

　[6] 提喩に付け加えられるのは，商品名の一般名詞化です。下位語から上位語に転義する提喩の類例として，商品名から一般名称に変化した現象を取り上げたいと思います。「ホッチキス」「オセロ」「サランラップ」がそれにあたり，事実上，一般名称としての「ステープラー」「リバーシ」「食品用ラップフィルム」という上位語の代わりをしていると言って良いでしょう。

信夫（1992）でも，換喩と提喩を区別する重要性が丁寧に論じられていますが，次のように考えれば，両者は明確に区別できるのではないでしょうか。まず，換喩は，全体 X と部分 x の関係において，部分 x は X の一部であって，x だけで X にはなりません。たとえば，「恩師のところに顔を見せに行く」というとき，部分としての「顔」が全体としての「人間」を指しますが，「顔」は，それ自体では「人間」ではないからです。これに対し，提喩は，上位概念 Y と下位概念 y の関係において，y は，すでに一つの Y にあたります。実際，上の「喫茶店でお茶を飲む」において「お茶」が「飲み物」を指すとき，「お茶」も，それ自体「飲み物」であって，この点で，〈全体と部分の関係〉と〈類と種の関係〉は本質的に異なります。これによって，換喩と提喩の区別は明確に理解できると思います。

　隠喩や換喩に比べて，提喩を，やや難しいと感じるとすれば，上位語と下位語の関係を知っていないと理解できないものだからと言えるでしょう。

　☞ 提喩は，〈ぼかし〉としての上位語が下位語を表したり，〈代表〉としての下位語が上位語を表す比喩表現であり，その理解には上位語と下位語の関係を前提とする。

あらためて，ここで比喩を取り上げた意義を補足します。ここで比喩を取り上げた趣旨は，教科書の中にも一般生活においても，〈文字通りの意味〉とは違う意味で使われている表現があることを認識するという点で，メタ言語能力の向上を目指そうとすることにあります。比喩に関する要点は次のように整理されます。

(i) 転義現象（比喩）は日常的な言語表現の中に散見される
もので，文学に固有のものではない。

(ii) 転義には，似ているものへの転義（隠喩），つながって
いるものへの転義（換喩），上位語と下位語の間の転義
（提喩）の3種類に整理できる。

(iii) 日常的な転義表現を知ることが〈文字通りでない意味〉
を見いだす練習になる。

このような表現に慣れることは，日常の転義現象に対する理解を
深めるとともに，物語読解において〈文字通りでない意味〉とし
ての心情理解を促進する練習として位置づけることができるので
す。この点について，次の第4章で具体的に見ていきたいと思
います。[7]

---

[7] ここで挙げたような比喩についてもう少し詳しく知りたいという人には
籾山洋介（2002）をお勧めします。専門書でありながら，初学者向けに平明
に解説されています。ちなみに，ウィナー（Winner (1988)）では，子どもが
メタファーやアイロニーをどのように理解するかについて発達論的に分析さ
れています。

第 4 章

物語における〈文字通りでない意味〉の理解

第2章や第3章で見たように，〈文字通りでない意味〉は日常生活の中にごく普通に現れるのですが，〈文字通りでない意味〉の解釈にある程度の力がつけば，その力を利用して，物語における心情理解に応用することが可能です。物語で登場人物の心情が問題になるのは，直接的に書かれた描写より，直接的でない描写から読み取るときだからです。

1. 心情は何から読めるか

第1節では，国語科教育でいう文学的文章の特徴を相対化した上で，登場人物の心情や意図がどのように描かれるかを見ていきます。

小学校の国語科では，教科書に取り上げられている教材を大きく「文学的文章」と「説明的文章」の二つに分けていますが，その区分の論拠を現在の研究の中に求めるならば，アレクサンダーとジェットンの共著論文（Alexander and Jetton（2000: 290-291））による次のような3分類に帰着させることができます。[1]

---

[1] 一般の人には，そもそも国語科教育が使う用語法に戸惑うものが多々ありますが，「文学的文章」や「説明的文章」という，やや中途半端に見える言い方も，その一つであろうと思われます。小学校でいう「文学的文章」と「説明的文章」は，中学校では，それぞれ「物語文」と「説明文」と呼ばれます。

　　物語文（narrative）

　　説明文（expository）

　　混合文（mixed text）

　これによると，文章は「物語文（narrative texts）」「説明文（ex-pository texts）」「混合文（mixed texts）」の三つに大別され，物語文（narrative texts）は，神話や小説等のように，現実か非現実かにかかわらず出来事をベースに個人の経験を描いたものであり，説明文（expository texts）は，新聞や百科事典のように客観的な内容を伝えることで読者に知識を与えるものをいいます。混合文（mixed texts）は，物語と説明文の両方の特徴を持つもので，中心人物に関する周辺的な情報を含む文章であり，典型的には伝記が相当します。[2]

　このことを踏まえて国語科の教材を見ると，「文学的文章」と「説明的文章」は，それぞれ，物語文と説明文に相当します。ちなみに，教材の中にも伝記があり，どちらに分類されているかというと，「文学的文章」でも「説明的文章」でもなく，特に「伝記」という扱いになっており，結果的に，一般的な3分類に準拠する形になっているようです。国語科における「文学的文章」と「説明的文章」は，いずれも，表面的な〈文字通りの意味〉で読むのであれば決して難しいわけではなく，むしろ深層的な〈文字通りでない意味〉を読み取る力が必要になるという点で共通性を持

---

　[2] オルダーソン（Alderson（2000: 65））は，物語文の特徴の一つとして，読者は物語文を読むとき頭の中で状況を視覚化しながら読んでいくことがあるという点を挙げています。

ちます。この点については本章の第2節以降で取り上げること
にします。構造的な差異として，説明文が主に階層構造を持つの
に対して，物語文は因果構造を持つといえます。

　その上で，物語文の特徴として，①物語には登場人物があり，
その人物が行うさまざまな言動や体験が直接的に述べられるこ
と，②その登場人物の心的状態に関する記述が読解において重要
かつ中心的な位置を占めることが挙げられています。国語科の授
業で文学的文章を取り上げるときも，登場人物の気持ち（心情）
の理解が大きなウェイトを占めます。さらに，主人公の心情の変
化に大きな焦点が当てられます。逆に言うと，最も大きく心情や
考え方が変化する人がその物語の主人公と推定され，その変化を
理解することが読み取りの中心となります。そのために，表現さ
れた行為や発話から，直接描かれていない心情を読み取るという
営みが重要になります。ただ，文学的文章は，説明的文章に比
べ，全体に叙述が茫漠としており間接的な表現で描かれているた
め，ややもすると，文学は“フィーリング”や“感覚”で読むし
かないと思っている人も少なくありません。実際，児童生徒の中
には，教員から登場人物の心情を問われたとき“一か八”かで答
える人さえ見受けられます。文学的文章における登場人物の心情
というのは，そのような博打的なものであってはならず，第1
章で述べたように，理性的な推論によって読み取られるべきもの
であることを前提に議論を進めていきたいと思います。

　では，物語文，すなわち小学校で言う文学的文章において，心
情がどのようなところに描かれているかと言えば，基本的に次の
ような形で表現されると言われています。

（ア）　直接的な心情表現
（イ）　行為や発話（台詞）
（ウ）　情景

　物語における登場人物の心情が（ア）〜（ウ）によって表現されるというのは国語科でも良く知られているところですが，（ア）のように直接「悲しい」とか「嬉しい」と表現されているのであれば，何ら難しいことはないわけですから，国語科の読解において，ほとんど問題になりません。物語読解における心情理解の観点として取り上げられるのは，（イ）や（ウ）のように間接的に表現されるときであり，ここで（イ）や（ウ）から心情を理解するにあたり，次のような作業仮説を立てたいと思います。

> 　登場人物の心情は，現実世界の対人コミュニケーションにおける他者の心情理解と同じ要領で理解することができる。

　このことは，物語に登場する人物と現実社会で出会う人間は本質的には同じであり，現実における対人コミュニケーションで他人の気持ちを理解しようとするときと同じ要領で物語の登場人物の心情も理解しようというものです。もちろん，物語の中の登場人物は架空の人物であるケースもあれば，キツネやカエルのように人間でないケースもあるでしょうが，擬人化されている限り，同様に扱うことができます。トマセロ（Tomasello (1999)）の見解を援用すれば，ヒトは他者の心の中に自分を置いて他者の心の動き

を理解することができるからです。この作業仮説の利点は，対人コミュニケーションにおけるチャンネルを利用することが可能になることにあります。そのチャンネルというのは，大坊郁夫（1998）が整理した次の 6 つを指します。

① 言語的チャンネル
② 近言語的チャンネル（イントネーションや速さなど）
③ 身体動作
④ プロクセミックス（空間行動や距離など）
⑤ 人工物の使用
⑥ 物理的環境

ここでいうコミュニケーションの「チャンネル」というのは，コミュニケーションにおいて人と人を結ぶ媒体のようなものであり，①〜⑥のうち，①と②が言語コミュニケーション（verbal communication）で，③〜⑥が非言語コミュニケーション（non-verbal communication）にあたります。特に④の「プロクセミックス（proxemics）は「近接学」とも訳されるもので，対人的な空間的距離に関する知見をいいます。

　まず，①や②については，次のようなケースで例示できます。

図 1

図1のような「どこへ行くんだ」という発話も，複数の解釈が可能であり，特に相手がなく独り言のように言えば単なる〈自問〉であり，相手に問いかけるなら〈質問〉であり，答えを求めることなく一方的に言えば〈叱責〉とも解釈されます。そのような解釈の差異を生むのは②の「近言語的チャンネル」であり，イントネーションや速さなどが関わります。これを書きことばで表現するのは難しいものの，記号類を援用すれば，それぞれ「どこへ行くんだ…（自問）」「どこへ行くんだ？（質問）」「どこへ行くんだ！（叱責）」のように表記することもできるでしょう。このとき，三点リーダー（…），疑問符（？），感嘆符（！）といった記号類が，実質的に②近言語的チャンネルを表しているということになります。

　③については，次のようなケースが観察されます。

図2

図2は身体動作（行為）から心情を読み取る例であり，すでに第1章で見たように，単に「頭を抱える」「肩を落とす」「体を震わせる」という身体的な動作（行為）を示しているだけでなく，そこから，それぞれ「困っている」「がっかりしている」「寒がっている」という心理的な状態（心情）として解釈されます。

　④の「プロクセミックス」というのは，空間行動や距離などを

指します。次の二つの図を比べてみてください。

図 3(A)　　　　　　　　　　　　図 3(B)

図 3 の A と B では，2 人の人物が座る距離が異なっています。この中で，2 人の気持ちに違いを読み取るとすれば，A に描かれた 2 人のほうが B に描かれた 2 人よりも親密のように感じられます。これに関連して，中学校の教科書から引用すると，「花曇りの向こう」（光村図書 1 年）という教材の中に「スーパーにはみんながいるかもしれないから，僕は駅とは反対方向の小さな駄菓子屋に向かった」という一節があります。少し文脈情報を補足すると，スーパーと駅は同じ方向にあり，自分だけ反対方向の駄菓子屋で買い物しようというのは，要するに，みんなとの空間的な距離を大きくしようとすると同時に，みんなと会いたくないという気持ちがうかがえます。[3]

　⑤について，「人工物」というのは服装や装飾品などのことを

---

[3] プロクセミックスを提唱した文化人類学者の E. T. ホール（Hall（1966））は，大きく「密接距離（intimate distance）」「個人距離（personal distance）」「社会距離（social distance）」「公共距離（public distance）」の四つに分け，具体的に，密接距離（45cm 以内），個人距離（45～120cm），社会距離（120～360cm），公共距離（360cm 以上）という数値を挙げています。このような細かい数字は物語読解に必要ないかもしれませんが，プロクセミックス（近接学）というものが本格的に研究されていることは理解できるだろうと思います。

指し，たとえば，カジュアルなセーターを着ている場合とフォーマルなスーツを着ている場合とでは，堅苦しいスーツを着ているときの方が相手との間の緊張感が高いと言えるでしょう。

　最後の⑥でいう「物理的な環境」について，倉庫のような場所で話すのとサロンのような部屋で話すのとでは，倉庫よりもサロンの方が安心感があると言えるでしょう。

　要するに，人と人は言葉を通してコミュニケーションするだけではなく，行為や情景を通してコミュニケーションをするということが社会心理学の観点から指摘されているということです。このように，発話（台詞）や行為や情景から人物の心情を読み取ることができるのは，発話（台詞）や行為や情景がコミュニケーションのチャンネルとして機能しているからにほかなりません。ということは，心情は不可視的なものであるけれども，コミュニケーションのチャンネルに基づいて描写されている限り，心情を理解することは「推論」によって可能なのであり，逆に言うと，「想像力」というのは，（手掛かりとしての）チャネルがないときにのみ非常手段として発動することはあっても，常套的に用いるものではないということになります。[4]

　このようなチャンネルを介した心情理解が文学教材にも利用で

---

[4] 「説明的文章」も，実は必ずしも良く分かるように書かれているわけではありません。教材としての説明的文章だけでなく，日常の中で人の文章を読むときも，文章全体の要旨を読み取れないとか，文章の構成が見えないとか，段落間の関係が分からないというようなことは珍しくありません。それは普通のことであって，ただちに書いた人を責めるべきではありません。私たちは，そのような「読みにくい文章」でも読めるようにならなければならないのです。

きるというのが上掲の仮説であり，次の第2節で具体的な学習
可能性を探っていきたいと思います。

☞ 対人コミュニケーションにおいて言語以外のチャンネルで
もコミュニケーションがなされるのと同様に，物語におけ
る登場人物の心情も，言語以外のチャンネルで理解でき
る。

2. 心情理解の学習可能性

　第2節では，物語読解における登場人物の心情理解において，
発話（台詞）や行為や情景が具体的な手掛かりになることについ
て，どのような学習プロセスが可能なのかを見ていきます。

　前節で述べたように，私たちは現実の対人コミュニケーション
において，いくつかのチャンネルを通して他者の気持ちを理解し
ようとするわけですが，物語における登場人物の心情を理解する
のに，これとは別の方法が用いられると考えるのは，むしろ不自
然です。なぜなら，第1章で見たように，物語の登場人物は，
はじめから自然発生的に存在していたのではなく，〈書き手〉に
よって人為的に描かれたものであり，特殊なケースを除けば，通
常のコミュニケーションで理解できないような存在として描くこ
とはないからです。そのような例外的なケースがあるとすれば，
人間とのコミュニケーションが成立しない動植物や宇宙人などの
場合であり，たとえば，「大造じいさんとガン」という文学教材
に登場する「残雪」のように擬人化されていないものとの間では

人間とのコミュニケーションは成立せず，したがって，「残雪」
の心情は理解できないことになります。以下では，前節で挙げた
チャンネルを通して，一定の言語表現が一定の心情と慣習的に結
びついており，それを手掛かりに登場人物の心情を理解するため
の練習が成立することを見ていきたいと思います。前節で挙げた
①〜⑥のうち，③身体動作，①言語的チャンネル，⑥物理的環境
の三つの観点について，この順に取り上げます。

　まず，③身体動作（行為）から心情を読み取るケースに，次の
ようなものがあります。

（1）試験の結果を見た後、大きくため息をついた。

（2）試験の結果を見た後、肩を落とした。

（3）試験の結果を見た後、ガッツポーズをした。

（4）試験の結果を見た後、とぼとぼと歩いて帰った。

この中の「息をつく」「肩を落とす」「ガッツポーズをする」「と
ぼとぼと歩く」は，表面的には物理的な身体動作を表しているに
すぎませんが，実質的に心情を表すものと見なければなりませ
ん。(1) の「ため息をつく」というのは，ただ「息をためて吐き
出す」という行為を言っているのではなく，その人の中で起きた
「失望する」とか「緊張が解ける」あるいは「うっとりする」とい

う気持ち（心情）が反映されています。(2) の「肩を落とす」も
「がっかりする／落胆する」を表し，(3) の「ガッツポーズをす
る」は「喜んでいる」という気持ちを読み取ることができます。
(4) の「とぼとぼと歩く」という表現も，表面的には，歩き方を
描いているにすぎませんが，そこには「元気がない」という気持
ちを読み取ることができます。(1)-(4) で学ぶべきは，人の身体
の動きを通して心理状態を理解するという人間の認識様式であ
り，次のように整理することができます。

(1)　ため息をつく　　　→　　失望する／緊張が解ける

(2)　肩を落とす　　　　→　　がっかりする

(3)　ガッツポーズをする　→　　喜ぶ

(4)　とぼとぼと歩く　　→　　元気がない

ここに挙げた関係は，十分に慣習化され，ほぼ慣用句として定着
しています。

　上の (1)-(4) では，いずれも第三者からみて確認可能な具体
的な身体動作が心情を反映している例なのに対し，必ずしも第三
者から確認可能ではない身体動作が心情を反映することもありま
す。次の (5)-(8) は，身体動作が他人（第三者）の目から確認し
づらいケースです。

(5) の「顔が青くなる」というのは，「心配や恐怖」をいだいている心理状態を表すものですが，人の顔が青くなっているかどうかは誰の目にも明らかというわけではありません。しかも，(5) のような慣用句は，身体的に顔が青くなっていなくても，「顔が青くなる」＝「心配や恐怖」という慣習的な関係に基づいて，「顔が青くなる」という表現だけが，いわば一人歩きして用いられることもあります。同様に，(6) の「唇を噛む」も，「怒りや悔しさをこらえる」という意味の慣用句ですが，他人から見て「唇を噛む」という動作は明確に確認できるものではなく，身体的に唇を噛んでいなくても，「怒りや悔しさをこらえる」という意味で「唇を噛む」という表現が用いられることもあるわけです。(7) の「息を飲む」や (8) の「体がかたくなる」についても，それぞれ，「驚きや緊張で息が止まること」ことや「驚きや恐怖を感じること」を表すわけですが，他人から見て，息を飲んだかどうかは明瞭に確認できるわけではなく，まして，他人の体がかたくなっているかどうか目視では確認できないわけですが，それでも，言語

表現と心情の間に慣習的な結びつきがある限り，(5)-(8) は，次のように整理することが可能です。

   (5) 顔が青くなる → 心配や恐怖などで顔に血の気がなくなる

   (6) 唇を噛む → 怒りや悔しさをこらえる

   (7) 息をのむ → 驚きや緊張で息が止まる

   (8) 体がかたくなる → 驚きや恐怖を感じること

上掲の (1)-(4) と，ここの (5)-(8) が微妙に異なるのは，(1)-(4) では「ため息をつく」や「ガッツポーズ」などのように大きな動作で第三者にも視覚的に確認しやすいのに比して，(5)-(8) では「顔が青くなる」や「唇を噛む」のように動作が小さく見落とされやすいという点にあります。そのような差異はあるものの，(1)-(4) も (5)-(8) も，身体動作が心情を反映している点では本質的に同じであり，(5)-(8) のような身体動作でも明示的に言語化されている限りにおいて，その心情を読み取ることが可能です。

　ここで何より重要なのは，心情理解には練習が必要であり，そのような練習が授業の中で可能であるという点です。実際，(1)-(4) や (5)-(8) の例は，小学生にとって必ずしも難しいものではありません。そのような (1)-(8) の例を挙げたのは，心情は，言語表現との結びつきに基づいて，理性的な推論によって読み取るものであり，一回的な「勘」で想像するものではないことを，練習の中で身につけるためにほかなりません。(1)-(8) のような例を通して言語表現と心情が有機的に結びついている関係を学

び，言語表現がもつ〈文字通りでない意味〉を読み取る練習を事
前に重ねることで，教科書の中から〈文字通りでない意味〉を見
つけ出す読解力を高めることができ，さらには，〈文字通りでな
い意味〉の難易度を高めることによって，初めて読む文学作品に
も自力で対応する読解力を付けることが可能になります。このこ
とが，偶発的で一回性の高い想像力との大きな違いでもありま
す。そもそも，学習のプロセスに練習をするステップを組み入れ
るという観点からいうと，算数科（数学科）では，はじめに単純
な事例で解答の方法を丁寧に説明し，その方法で幾度か練習をし
てから，応用的な問題に挑戦するというステップで学習します。
ところが，国語科の授業で教科書を読むとき，事前に読解のため
に練習を積むということは（ほとんど）していません。いきなり
教科書の本文を読解するところから始まるのが普通です。本書の
意図としては，教科書を読む前に基本的な読解法の説明と練習が
必要であり，その上で本文を読むという段取りを想定したものに
なっています。[5]

---

[5] 心情理解のための練習の順番という点から言うと，(1)-(8) のような解釈
を事前に学んでから教科書を読むのであれば，教科書は問題集として機能す
ることになります。一方，教科書を参考書として読解の方法を学び，そこで
練習をしてから，応用問題として別の文章に取り組むことも可能です。一番
良くないのは，読解の方法を習うことなく，練習を重ねることもしないまま
教科書を読んで終わるという学習スタイルです。そのような学習スタイルで
仮に教科書を読むことが出来たとしても，偶然読めたに過ぎず，読解力を付
けたことにはなりません。この点については，本節の最後に挙げたコラムも
ご参照ください。なお，心情を表す表現にどのようなものがあるかを児童が
自習するための図書として，高木まさき・森山卓郎 (2016) の監修による『気
持ちを表すことば』光村教育図書を薦めます。

　これに対し，一方の想像力は，言語表現から（ある程度）思考が飛躍するところに特徴があり，言語表現と心情が有機的に結びついていることと相容れません。そもそも，想像力を高める具体的な方法がない点にも本質的な問題があります。この点に関しては，酒井邦嘉（2011）は脳科学の立場から，音声や映像に比べて活字は情報量が少ないため想像力を鍛える効果が期待できるとの見解を示しているものの，本当のところ，想像力を高める方法として確立したものは未だ見られないというのが実情です。

　ところで，物語読解において「心情を読み取る」とは「心情（抽象）を行為（具象）で表す関係」を理解することと一般化できるわけですが，このことの理論的基盤として二つの点を挙げることができます。第1に，心理状態というのは直接的には目で見えないものなのに対し，身体の動きというのは目で見ることのできる具体的な現象ですから，心理状態を身体動作で表すというのは，不可視的なものを可視的なもので捉えようとするものであることが分かります。すなわち，目に見えないからといって何も描かないのではなく，可視的なものを通して不可視的なものを描こうとしているということです。第2に，目で見えないものを可視化するのに，有機的な関係に基づいて描いているのであって，上の（1）で言えば「失望する」とか「緊張が解ける」という心理状態を表すのに「ため息をつく」という表現が用いられるのは，人は「失望したり緊張が解けたりしたときため息をつく」という関係が慣習的に定着しているからにほかなりません。もちろん，この関係は，あくまで慣習的なものであって，その慣習度にも程度差があります。失望したり緊張が解けたりしたときでもため息をつ

かないことはあるでしょうし，逆に，ため息をついたからと言って失望したり緊張が解けたりしたとは限らず，たとえば，単に呼吸の乱れを整えるためにため息をつくこともあるでしょうし，そのような場合，失望したり緊張が解けたりすることには起因しないわけです。しかしながら，「ため息をつく」という表現が慣用句として定着している限りにおいて，心理状態との身体動作の関係に有機的な根拠があると認めることは可能です。

　二つ目に，①言語的チャンネル（発話）から心情を読み取るケースに，次のようなものがあります。

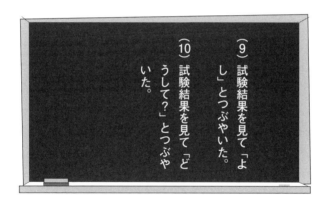

（9）試験結果を見て「よし」とつぶやいた。

（10）試験結果を見て「どうして？」とつぶやいた。

（9）や（10）は，単に「よし」という音声を発話したというだけでなく，試験の結果を肯定的に捉えているという点で，（それなりに）満足しているという心情を推論することができます。また，「どうして？」という発話によって，試験の結果に対する理由を求めていることから，試験結果に納得できていないという心情を推論することができます。

　三つ目に，⑥物理的環境（情景）から心情を読み取るケースに，次のようなものがあります。

(11) の「太陽の明るい光が太郎の行く手を照らしていた」や (12) の「空を黒い雲が覆い始めた」と言えば，単に気象状況を記述しているようにも見えますが，物理的な環境がコミュニケーションのチャンネルになるという観点から見れば，これも登場人物を説明する根拠として用いることができるわけです。（11）では太郎の将来が有望であろうことが推論され，（12）では何か良くないことが起こるであろうことが推論できます。[6]

　最後に，読者が最も関心を寄せるとすれば，本書で述べているような〈文字通りでない意味〉の理解が本当に教材の読解に有用なのかという問いではないでしょうか。もちろん，本書の著者としては「有用です」と答えるところですが，その理由を詰め将棋

---

　[6] このような記述さえも登場人物の心情を理解する手掛かりになり得ることについては 102 ページのコラム（文学のお約束）をご覧ください。

に喩えて説明します。詰め将棋というのは，将棋の最終的な局面を再現したようなもので，駒があらかじめ配置されていて，その状態から王手を指し続けながら相手の王将を詰めることを目的とします。詰め将棋は，あらかじめ一定の差し手で攻めていけば必ず詰ませることができるようになっていますので，詰め将棋だけが独立して一種のゲームのように扱われることもあるようです。詰め将棋は，いわば「必ず勝てる状態」ですので，詰め将棋の練習をするということは，その「必ず勝てる状態」から最後の本当の「詰み（＝勝ち）」の状態までの具体的なプロセスを導き出せるようになるだけでなく，その「必ず勝てる状態」になっているかどうかを見抜くことができるようになる練習でもあるわけです。本書でいう「手掛かり」を見つけ出すことは，「詰め将棋」の状態を見抜くことであり，その「手掛かり」が見つかれば，心情や意図に到達することもできるわけです。詰め将棋ができない人は，仮に「勝てる状態」にあっても，どのようにすれば勝ちに到るのかを見つけられないということであり，結局は勝てないということです。物語読解においても，手掛かり（叙述）を見つける練習は，どのような手掛かり（叙述）がどのような心情を反映しているかを知ることと，それに馴れることです。そうすることで，詰め将棋に強い人と同様に，心情や意図の読み取りに強くなることが期待できると思っています。

　☞ 物語読解における心情理解は，フィーリングやインスピレーションに頼るものではなく，知識や練習によって体系的に学習することができる。

コラム

文学のお約束

　物語では書いてあることのすべてが手掛かりになる可能性があるという暗黙のルールがあります。たとえば，「窓から山が見える」というとき，写真などの視覚情報であれば「山」が偶然に写ったということもありますが，物語において，あえて「山が見える」と書いたということは，わざわざ書こうとして書いたということであり，何らかの意味があると考えるのが暗黙のルールです。

　このことの背景には，言語表現による描写は，視覚的な情報の受像と異なり，すべてを見たり聞いたりするわけではなく，情報を選んで描写しているという事情があります。実際，「窓から山が見える」といったとき，写真的な視覚情報処理においては，左図のように，すべての情報を取り込むように処理されるのに対し，右図のように，言語情報処理において実際に描かれた言語情報は選択されて残ったものと考えなければなりません。

言語情報として描かれたものは，実際に知覚したことの一部でしかなく，描かれるべくして選ばれた部分ということになります。一種のカクテルパーティ効果が作用していると考えることもできるでしょう。敢えて選んで描いたという部分には，何らかの選ばれた理由があるという作業仮説を立てるこ

とができるわけです。言語表現が現実の視覚情報よりもはるかに少ない情報しか持っていないことを実感してもらうために一つ例を挙げるとすれば，言語表現を視覚表現に変換する作業を思い浮かべてみるといいと思います。たとえば，言語表現によって「銀行のATMの前に女性がいる」のように描かれた状況を視覚的に描こうとすると，言語表現にない情報を補わなければならないことに気づかされます。実際，警備員はどこにいるのか，出入り口はどこにあるのか，壁の色は何色かなどといった情報は，言語化されていないわけです。このことは，視覚情報を言語情報に置き換えたとき，それだけの情報が捨象されていることを意味しています。

　一方で，物語は，書いてあることに基づいて解釈するというのが大原則です。たとえば，サッカーの試合に負けたとき，多くの人は「悲しい」とか「悔しい」とか感じることでしょうが，その傾向を無条件に適用するのは危険です。物語の中で「早速，その日の夕方から次の試合に向けて練習を始めた」と書いてあれば，「悲しい」というより，むしろ新たなモチベーションが高まっていることを読み取らなければなりません。このような暗黙のルールについても，何らかの形で明示的に児童生徒に伝える必要があると思います。

コラム

教科書は参考書か問題集か

　学習者が1人で学習するとき，必ずと言ってよいほど用いられるのが「参考書」と「問題集」です。参考書は解法や知識を学ぶために使われ，問題集は解法や知識を実際の試験で活用する力を高めるために用いられます。基本的には，先に参

考書で学び，その後で問題集によって実力を高めるという順序が普通です。

　では，国語科の教科書はどのように扱われているでしょうか。国語科の教科書は，参考書として解法や知識を得るために使われているでしょうか，それとも獲得した解法や知識を活用するための問題集として用いられているでしょうか。実際には，中途半端に用いられているという印象が拭えません。参考書のように直接的に解法を説明したり丁寧に解説したりすることもなく，問題集のように解法を応用するために用いられるわけでもありません。教材を読解していく中で，教員の発問に答える形で考えを深めていくというのが実態であり，しかも，その過程で解法が一般化されないまま終わっているというのが現実ではないでしょうか。

　教科書を参考書と位置づけるなら，読み方や書き方を丁寧に説明するものになっていなければなりませんし，その後に，問題集として用いる教材を別に用意しなければなりません。一方，教科書を問題集として位置づけるなら，教科書の教材を扱う前に，解法を説明するための参考書が別に必要になります。算数科であれば，たとえば，繰り上がりの足し算についての解き方の説明があり，その上で，練習問題が用意されていますが，国語の教科書は，具体的な解法は全く書かれていませんので，少なくとも参考書として実用に耐えられるものではありません。現状，児童たちは，解法を学ぶための教材を与えられていないことになります。もちろん，教科書を参考書として用いることも可能ではありますが，その場合には，教師が丁寧な説明を加えなければなりませんし，練習問題を別途用意しなくてはいけません。

3.　物語における転義の実際

　第 3 節では，実際の文学教材から，具体的な心情理解の事例研究を提示したいと思います。

　最初に，「プラタナスの木」（光村図書 4 年）という教材に次のような一節があります。

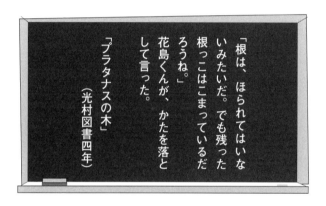

「根は、ほられてはいないみたいだ。でも残った根っこはこまっているだろうね。」
花島くんが、かたを落として言った。

「プラタナスの木」（光村図書四年）

ここで注目すべきなのは，会話部分に続く「（花島くんが）かたを落とした」というところであり，前節で述べたように，単なる身体動作ではなく「がっかりした」という心情を理解することができるわけです。重要なことは，心情を読み取る手掛かりを見つけ，そこから心情を読みとる能力を高めることです。

　もう一つ，「一つの花」（東京書籍 4 年・光村図書 4 年）という文章に次のような一節があります。

104

やがて、ミシンの音が
またいそがしく始まった
とき、買い物かごをさげ
たゆみ子が、スキップを
しながら、コスモスのト
ンネルをくぐって出てき
ました。そして、町の方
へ行きました。
　今日は日曜日、ゆみ子
が小さなお母さんになっ
て、お昼を作る日です。
「一つの花」
（東京書籍四年）

この中には，5つの転義現象が見られます。第1は「ミシンの音
がまたいそがしく始まった」という表現で，この「ミシンの音が
始まる」というのは，ただ「機械の音が聞こえる」というだけで
なく，「ミシンを動かして裁縫をしている」という意味で解釈さ
れます。第2は「スキップする」という部分で，「スキップする」
は慣用句ではありませんが，前節で見たような練習を重ねること
で，身体動作が何らかの心情を反映している可能性に気づくよう
になることが第一段階であり，その上で，「スキップする」とい
う身体動作からどのような心情を読み取れるかは，小学生でも嬉
しいときにスキップすることは多くの児童に共有されている限
り，読者自身の経験から推論して，ほぼ間違いはないでしょう。
三つ目は「トンネル」です。「トンネル」は，もちろん山を掘った
本物の「トンネル」ではありませんから，正確には「トンネルに
似た形状になったもの」という転義として解釈されます。4つ目
に，「町の方へ行きました」というのも，ただ，町の方へ移動し
たというだけでなく，町に行くのは買い物に行ったと解釈できま

す。最後に，「ゆみ子が小さなお母さんになって」という部分に
注目すると，先行文脈から「ゆみ子」は小学生であることが分か
りますので，「ゆみ子」は〈文字通りの意味〉で「（だれかの）お
母さん」ではありません。ここでの「お母さん」は，「（ある意味
で）お母さんのような人」という意味に転義しており，具体的に
は，「お母さんのように家事をする人」に転義した隠喩であると
解釈できます。重要なのは，「ゆみ子」は，〈文字通りの意味〉で
本当に母親になったのではなく，「お母さんの仕事をする人」とい
う〈文字通りでない意味〉を読み取ることです。

　次に，「海の命」（光村図書6年）から2箇所取り上げてみたい
と思います。

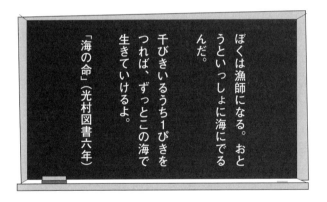

このうち，「（おとうといっしょに）海にでるんだ」というのは，
〈文字通りの意味〉で単に「海の沖に移動する」ということではな
く，「（海に出て）漁をする」ものと解釈しなければなりません。
このことは，第3章の第2節で挙げた「布団に入る」が「就寝す

る」を表す転義や，「畑に行く」が「農作業をする」を表す転義と
同じです。したがって，全体として，「おとうといっしょに海に
でるんだ」は「おとうといっしょに海で漁をするんだ」であり，
「漁師になるんだ」という解釈もできるでしょう。また，「（この
海で）生きていけるよ」というのは，「（この海で）漁師として生
活が成り立つ」と解釈できますので，「千びきいるうち１ぴきを
つれば，ずっとこの海で生きていけるよ」という文も，丁寧に解
釈すれば「魚が千びきいるうち，その中の１ぴきをつれば，漁師
として生活できる」ということであり，前半にウェイトを置いて
解釈すれば，「魚が千びきいても，千びき全部を捕るのではなく，
その中の１ぴきをつれば十分」という意味を引き出すことも可能
です。

　最後に，やや学習を先取りして，中学校の教材にも対応できる
ことを示しておきたいと思います。中学１年の教材に「さんちき」
（東京書籍）という文章があり，その中に次のような一節がありま
す。

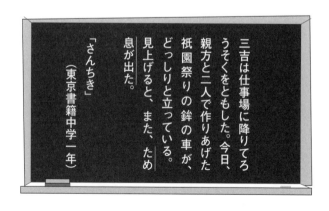

三吉は仕事場に降りてろ
うそくをともした。今日，
親方と二人で作りあげた
祇園祭りの鉾の車が，
どっしりと立っている。
見上げると，また，ため
息が出た。

「さんちき」
（東京書籍中学一年）

この中に、〈文字通りでない意味〉を読み取れる部分が二つあります。一つは、「鉾の車が、どっしりと立っている」という部分で、もう一つは、「ため息が出た」という部分です。一つ目の「鉾の車が、どっしりと立っている」というのは、第2章の第3節で見た擬人法であり、この中の「鉾の車」は、人間ではないものの、「立っている」と表現されていることから、人間がいるかのように感じられたと解釈されます。二つ目の「ため息が出た」は、単なる身体動作ではなく、〈文字通りでない意味〉として解釈されなければなりません。「ため息が出る」の〈文字通りでない意味〉としては、「①失望する」「②緊張が解ける」「③うっとりした気落ち」の三つの可能性がある中で、その前の文で「鉾の車」が、まるで人間の姿のように「立っている」という表現がありますので、「③うっとりした心持ち」で解釈するのが適当と判断できます。

　　☞ 教材の中での心情理解は、然るべき手掛かりからのみ可能なのであって、その手掛かりを見つけることも学習の中に入れていかなければならない。

慣用句以外でも、普段と違った行動が心情を表すこともあります。たとえば、「一言も口をきかない」という表現も心情を反映することがあり、「ご飯を食べない」とか「帰りが遅い」という行為も、普段と違うという特徴を帯びることで、心情表現の転義として解釈される可能性があります。「かたを落とした」のように慣用句化されているものは心情表現の可能性があると考えながら読む姿勢を持ちやすいのに対し、「一言も口をきかない」のよう

108

に普段と異なる行動が心情を反映する可能性は意識的に注意を払う必要があるという点で，やや難易度が高くなるとも言えます。

> ## コラム
>
> ### 慣用句における意味の揺れ
>
> 　心情と表現形式の間に一定の安定的な結びつきがあることが心情理解の前提であったわけですが，表現形式の意味に揺れが生じると，読解に問題が生じます。たとえば，「鳥肌が立つ」という表現は「寒い」あるいは「怖い」という感情を表すものとして用いられてきましたが，最近は「感動する」という肯定的な意味で用いられることがあります。実際，文化庁が実施した平成27年度「国語に関する世論調査」によると，「鳥肌が立つ」という慣用句を「余りのすばらしさに鳥肌が立った」のように「感動する」の意味で用いる人が62パーセントに及ぶといいます。その上で，〈書き手〉が「鳥肌が立つ」を「怖い」という意味で用いたとき，〈読み手〉が「鳥肌が立つ」という表現から「感動した」という心情を読み取る可能性もあるわけですし，〈書き手〉が〈感動した〉という意味で「鳥肌が立つ」を用いたとしても，〈読み手〉が「怖い」という意味で解釈する可能性もあるわけです。

4. 推論と想像力は何が違うか

　国語科教育では，第1章の第4節で見たように，物語読解において想像力というものを発動させることを良しとする考えがあり，想像力を発動すると同時に，想像力を高めることが物語読解

の重要な側面であるという主張が肯定的に重ねられてきました。[7]

　では，物語読解において，本書が展開している「推論」と，国語科教育がいう「想像（力）」とは同じものと考えて良いのでしょうか。推論と想像の差異について大きく言えば，推論の場合，事象 A と事象 B の間に経験的な因果関係があるのに対し，想像の場合，事象 A から事象 B を想像したとき，結果的に事象 B にとって事象 A は必須ではなく，最終的に事象 A と事象 B は切り離されてしまうという差異が見られます。両者の差異は，視覚的に次のように考えることができるでしょう。

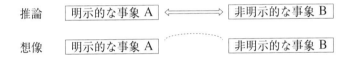

推論の場合，事象 A と事象 B の間で推論が成り立つのは，目に見えるか見えないかにかかわらず，事象 A と事象 B が，ある程度一般性のある経験的な論理関係や因果関係でつながっているからであり，その一般性を実線で示しています。事象 A から事象 B を推論できるとき，逆向きに，事象 B から事象 A を推論でき

---

[7] 国語科教育の中でも，望月善次（2000）のように「想像」という概念が曖昧なものであることを認める立場があるほか，山元隆春（2000）のように，文学の読解における想像の重要性は否定できないと強く主張する立場もあります。一方，基礎研究の分野においては，橋本巌・丸野俊一（1985）のように成人を対象とした研究も，平林秀美・柏木惠子（1990）のような発達的研究も，いずれも「推論」という概念から他者理解を分析しており，国語教育が「想像力」を発動するのと対照的です。

ることもあります。[8]

　一方，想像の場合，事象 A から事象 B を想像するとき，事象
A と事象 B の関係は，必然的というより偶然的あるいは個別的
で，一回性のものである場合もありますので，その性質を破線で
表すことにします。このとき，想像力の発動においては，事象
A から事象 B を想像できても事象 B から事象 A を想像するこ
とはできないという一方向的な性質もあるほか，新しい解釈を創
り出したり，良い意味で大胆な「飛躍」を起こしたりするという
側面もあり，こうした側面が想像力の真骨頂ということも可能で
す。ただし，そのようなものであるからこそ，想像力の援用は国
語科における読解と相容れないのであり，その理由は，次の三つ
の点に整理できます。

　第 1 は，国語科における読解は芸術的創作と区別されなけれ
ばならないという点です。そもそも，想像というのは，独創性や
新奇性が評価される芸術においては肯定的に認められているかも
しれませんが，日常においては必ずしも良い意味で用いられるも
のではなく，むしろ，非現実という点で否定的に捉える向きもあ
ります。実際，「想像でものを言うな」とか「君の主張は想像だ」
などのように言うとき，明らかに，想像は避けるべきものとして
認識されていることが分かります。ここで重要なのは，上の「資
料 1」で示したように，学校社会は一般社会の一部であり，その

---

[8] このように「明示的な事象」から「非明示的な事象」への推論は，認知言
語学においてラネカー（Langacker（1993））がいう参照点能力（reference
point ability）に関連づけることができます。この点については，菅井（2020）
をご参照ください。

一般社会の中で「想像でものを言うな」のように言われる想像という概念を，あえて国語科における物語読解に積極的に導入するのは宜しくないのではないかということです。一方で，一つの考え方として，国語科の中から文学的な教材を外し，芸術科の中で取り扱うという方法も成り立ち得ると思います。その中では，絵画や音楽と同じように芸術として文学を鑑賞したり創作することもできるかもしれませんが，その場合でも想像力を高めることについて科学的な指導法や客観的な評価を確立させる必要があることは言うまでもありません。

　第2は，国語科における読解は科学における発見的な想像と目的が異なるという点です。想像は，科学において画期的な発明や発見に作用するとされ，画期的な研究ほど，偶発的で一回的な「ひらめき」とも言うべき想像力によって創り出されると言えます。その「ひらめき」の手掛かりとなるものは，単なる「きっかけ」であればよく，そこから乖離してもいいわけですし，むしろ，元の手掛かりから大きく乖離するほど画期的で独創性の高い発見や発明が期待できるわけです。実際，想像が科学技術の中で発動された例は多くあり，その一例として，飛行機の歴史において，20世紀初頭にライト兄弟が動力飛行機を発明する前，鳥型飛行機（ornithopter）と呼ばれる羽ばたき式の飛行機が試作されたと言います。鳥型飛行機（オーニソプター）は，その名の通り鳥の姿をヒントにした原始的な飛行装置で，鳥の生物的な構造や飛行のときの動きを観察することから開発が始まったものですが，やがて羽ばたき式から動力へと開発が進むにつれ，きっかけとしての鳥（に関する研究成果）の必要性は低くなり，鳥の研究からは

切り離されて飛行機の研究が進展していくことになります。このような想像は，むしろ独創的であるがゆえに個人差が大きく，複数の人が同じような結果を導くとは限らないわけですので，国語科の中で想像によって心情を理解しようとしても答えが収束しないのは，いわば当然なわけです。国語科の授業の中で，想像によって読解した複数の解釈を収束させようとすること自体，むしろ方法論的な自己矛盾と言わなければならないのです。

　第3は，指導可能性の問題です。読解に伴う想像力の育成に懐疑的な理由として，物語を読むことによって想像力を育むという目標そのものが高すぎる点が挙げられます。そもそも，物語読解によって想像力を高める具体的なプロセスが実証的に示されていないからです。物語読解を重ねれば想像力が豊かになるかと言えば，そのような可能性もあるかもしれませんが，具体的に〈どのような方法で〉〈どのようなメカニズムで〉〈どのような手順で〉〈どのような本を〉〈どれくらいの時間をかけて〉読解すれば，どれぐらい想像力が高まるのかという点について体系的に示されたものは見たことがありません。それは，運動場を走れば足が速くなって体も丈夫になる，という発想と変わりませんし，音楽の時間に歌を歌ったからといって歌がうまくなるわけでもありません。足が速くなるためには科学的なトレーニングが必要であり，歌がうまくなるためには発声や音楽の基礎から練習を重ねる必要があるのと同様に，読書によって想像力を育むというのであれば，それなりの体系的な訓練が必要になるはずであって，コーチングという概念が欠けている点も指摘しておかなければならない

でしょう。[9]

　ここで挙げた理由から，想像力の援用は，国語科における科学的な読解指導に安易に導入すべきではないというのが本書の立場ですが，一方で，本書がいう「推論」にも運用上の限界があることを認めなければなりません。それは，手掛かりが不足すれば推論は成り立たないという点です。本来，不可視的な心情の理解には，それなりの可視的な手掛かりが必要です。登場人物の心情は必ず読み取れるものではなく，読み取ることのできない場合もあるわけで，その場合，教員は「このとき○○はどんな気持ちだったでしょう」などという発問をしてはいけないことになります。推論は理性的な思考ですから，手掛かりになる材料がなければ推論は成り立ちません。実際，たとえば，「その鉄道は当時の市長の政策により今から 50 年前に開通した」という叙述に対して，50 年前の「市長」の気持ちを推論することはできるでしょうか。この文（叙述）から人物の気持ち（心情）を読み取ることができないのは，この中の叙述が何らかの気持ち（心情）と一般性のある形で結びついていないからであり，つまりは，心情を読み取るための手掛かりになるものがないからです。心情を読み取るのに必要な手掛かりには，テキストに書かれた直接的な記述（言語的情報）だけでなく，先行文脈で蓄積された状況（文脈的情報）や，

---

　[9]　もう一つ「想像」に関する問題を挙げるとすれば，理解力の変化をどう測定するかという問題があります。そもそも，山元隆春（2000）は「想像」を計量的に評価することの限界を指摘しています。評価が難しいということと裏返しに，どうすれば想像力を成長させられるかについても客観的な方法は確立されていないということです。

言語外的情報が含まれ，そのような情報をどんなにフル活用して
も，心情を読み取ることができない場合，教員は児童生徒に心情
を問うてはいけないのです。

> ☞ 想像力という能力の性質上，想像力を発動すればするほ
> ど，かえってテキストを読み込む志向が疎かになりかねな
> い。

　念のために繰り返しますが，本書では，必ずしも想像力を全面
的に否定するものではありません。手掛かりとなる情報が極めて
僅かしかない中で，ほとんど「推理」によって何らかの答えを導
き出さなければならないとき，想像力やインスピレーションを使
うこともあるかもしれませんが，国語科の教材を読むのに，それ
ほど手掛かりが少ないことはないはずであり，そこまで手掛かり
が少ない部分で発問すること自体が不適切と言わざるを得ませ
ん。それでも，現状の国語科指導を見るに，十分な手掛かりがあ
るかどうかを検討することなく，指導者（教員）が児童生徒に想
像力の発動を促す場面が余りに多いように思われます。そもそ
も，「10年後の今日の天気はどうか」と聞かれても，なかなか普
通の人には答えられません。何故ならば，その答えがあるとして
も，答えを知らないか，その答えが今はないとして，どのように
すれば答えにたどり着くかが分からないからです。ただ，次のよ
うな場合はどうでしょう。「今夜台風が近づいている」とテレビ
が言っていますが，明日の朝の天気はどうなるだろうか，という
問いであれば，「今夜台風が近づいている」という情報に基づい
て，「明日の天気は雨が降るか，風が強くなる」ということを導

くことは可能でしょう。これが推論というものです。直接の答えがないとき，何もしないのではなく，手掛かりとなるものを探し出して，妥当性の高い結論を導くものだからです。[10]

　以上から，本章の要旨を整理すれば次のようになります。

　　（i）　物語読解においても対人コミュニケーションにおいても，与えられた叙述を出発点とするのではなく，〈書き手〉や発話者を出発点とするならば，拡散的な想像力によるのではなく，経験的な因果関係に基づく推論によって他者理解を学習するというのが基本になる。

　　（ii）　その際，十分な手掛かりがないとき，不可視的な心情を理解することはできないのであって，指導者（教員）は，心情を問う発問を控えなければならない。

物語教材における登場人物の心情理解は，国語科授業での中核的な指導の一つになっているものの，どの場面のどの登場人物についても必ず心情を読むことができるわけではありません。当然のことながら，心情を読み取るための手掛かりが十分にないときに登場人物の心情を理解することはできないということに自覚的になる必要があります。したがって，指導者（教員）は登場人物の心情を読み取るような発問をするときは，そこに心情を読み取るための情報があることを確認した上でなければなりません。そう

---

[10] 松崎正治（2000: 266-267）は，国語科教育の立場に立ちながらも「推論」という思考様式に言及していますが，〈演繹的推論〉〈帰納的推論〉〈仮説的推論〉という古典的な分類に依拠しているために，〈転義〉というダイナミックな解釈過程を視野に入れることができていません。

でなければ，学習者（児童生徒）は，理性的な推論による読解を諦めて，想像力を発動しなければならなくなるからです。[11]

　最後に，何より重要なのは，物語における心情理解と同様に，実生活の中の対人コミュニケーションにおいて他者の心情や意図を慮るときも，具体的な手掛かりによって推論するのが基本であり，想像力で他者の心情や意図を勝手に判断してはいけないということです。そうでなければ，社会の中で国語力を発揮することにならないだけでなく，自分の想像で他者の心情や意図を決めつける危険があるからです。

コラム

発問のタイミング

　児童生徒に解答を求めるとき，前提が整った上で発問するというのは当然のことです。前提が整うというのは，（ア）解答を導き出すために必要な叙述（条件）と，（イ）どのようにすれば答えが出るかという解法が明らかになっているということになります。言い換えると，「ここまでわかっているので，このように考えれば答えを出すことができる」という状態を設定することが必要ということです。ここで，算数科の問題で悪い例と良い例を挙げます。次の（1）は悪い例で，（2）が良い例です。

　（1）　はじめリンゴが6個ありました。花子さんはリンゴ

---

[11] そのように，理性的な推論ではなく，想像力を援用せざるを得ないような教材としては，宮澤賢治の「やまなし」を挙げることができるかもしれません。

を何個食べたでしょう。

(2)　はじめリンゴが6個ありました。花子さんが食べた
ので，4個になりました。花子さんはリンゴを何個
食べたでしょう。

(1) は，解答可能な発問ではありません。なぜなら，（ア）と
して「はじめリンゴが6個ありました」という叙述（条件）が
与えられているものの，（イ）としての解法がないからです。
これに対し，（2）は，（ア）としての叙述（条件）から，（イ）
として「6－4という引き算を使えば良い」という解法を見い
だすことができますので，叙述と解法によって答えを導くこ
とが可能になります。

　ここに挙げた（1）と（2）における叙述（条件）と解法の関
係は，それぞれ（3）と（4）のように視覚的に図示できます。

(3)　　　叙述（条件）　　　　　＝　　答え

(4)　　　叙述（条件）　　　＋　解法　＝　　答え

(1) が解答不能なのは，（3）が図解するように，叙述（条件）
があっても，それに対する解法がないからであり，（2）が解
答可能なのは，（4）が図解するように，叙述（条件）と解法が
揃っているからということになります。（1）や（2）は算数科
の例でしたが，叙述（条件）だけで解答を導くことが不可能と
いう点では，国語科の読解でも何ら変わりません。6年生の
教材「海の命」の最終部分で，主人公「太一」について「やが
て太一は村のむすめと結こんし，子供を四人育てた」という
叙述がありますが，ここで「なぜ太一は子供を四人育てたの
か」という発問は解答不能です。この叙述から答えを導き出
す解法がないからです。これに対し，同じく「海の命」の「太
一」の行動を描写する中で，「もりの刃先を足の方にどけ，ク

エに向かってもう一度えがおを作った」という叙述があり，このとき「クエ」に対する「太一」の気持ちを読み取りなさいと言う発問であれば，「えがおを作った」という叙述から，一つの解釈として「もはや（クエのことを）敵と思わなくなった」という気持ちを読み取ることが可能です。「えがおを作った」という行為は，敵と思う相手にはしない行為であり，それが正しければ，「えがおを作った」という行為と「敵と思わなくなった」という心情の間の経験的な因果関係を利用することが解法になるからです。

指導者（教員）は，学習者に発問する際，まず妥当と思われる答えを想定し，その答えを導くのに必要な叙述（条件）と解法が与えられているかを確かめてからでなければ発問してはいけないということが分かると思います。解法のない発問を与えられれば，児童生徒は想像力で解答せざるを得なくなってしまうからです。

コラム

推論の妥当性（叙述から読めることと読めないこと）

この点に関して一つ例を挙げておきます。「叙述に基づいて読解する」という一般原則を具体的に考えるにあたり，次の文が与えられたとき，この叙述から何が導き出せるでしょうか。

太郎1人だけがバスの中から救出された。

「叙述に即して読む」ということは，どこにどんな表現があって，それがどのような意味であり，そこからどのようなことが言えるか（どのようなことが分かるか）を考えることと言っ

ていいでしょう。表現に対する印象から別のことを思い浮か
べるなら，それは想像と変わりません。では，あくまで「叙
述に即して読む」という条件で，上の叙述からどのような解
釈を導き出すことができるかを考えるとき，次に挙げる（ア）
〜（キ）のうち，妥当な推論といえるものはどれでしょう。

- （ア）　太郎はバスの中にいた。
- （イ）　現在，太郎はバスの外にいる。
- （ウ）　太郎以外にもバスの中にいた人がいる。
- （エ）　太郎以外の人は助け出されなかった。
- （オ）　バスは危険な状態だった。
- （カ）　太郎は救出されて喜んでいる。
- （キ）　バスは事故にあった。

（ア）の「バスの中にいた」は「バスの中から救出された」とい
う出来事の前の状態であり，（イ）の「現在，太郎はバスの外
にいる」は「バスの中から救出された」という出来事の後の状
態です。（ア）と（イ）は，それぞれ「救出する」という行為の
時間的な前と後を言ったもので，いずれも妥当な推論といえ
ます。（ウ）は，「太郎1人だけ」という言い方をしているなら
当然「太郎以外の人がいた」という前提を言ったものであり，
「だけ」という限定の意味に伴う「それを含む別のものがある」
という一般的な前提に基づいて導かれる推論になります。数
量に関する単純な裏返しの例として，たとえば「10人のうち
4人が男性」といえば「女性は6人」ということが論理的に計
算できます。要するに，「1人だけ」というためには，2人以
上の人がいて，その中の1人を限定するからこそ「1人だけ」
という言い方ができるからです。（エ）について，元の叙述の
中の「太郎1人だけが助け出された」という関係は，その裏返

しとして，「それ以外の人は助け出されなかった」ことになりますので，（エ）は元の叙述を言い換えたものであり，辞書的な意味というより，「裏返しを言う」という論理的な推論によって導き出される解釈です。（オ）について，「危険な状態」というのは，「助け出す」という行為が行われるときの一般的な状況を指したものであり，経験に基づいて推論されると言えます。辞書によっては「救出」という語の語義説明に「危険な状態」という文脈を含んでいるものもありますが，辞書に状況説明が載っていなくても，「救出する」という状況を想定したとき，それが「危険な状態」であることは，いわば語用論的に導かれる解釈と言っていいでしょう。これに対し，（カ）と（キ）のような二つの読みを導く人もいるかもしれませんが，これは元の叙述から確実に導かれるものではなく，想像の部類に属します。なぜなら，もし「バス」の中に家族が残されていたとすれば，必ずしも（カ）のように「太郎は救出されて喜んでいる」とは言えないからであり，（キ）が妥当とは言えないのは，「事故」ではなく「事件」かもしれないからです。

　学習者が（ア）〜（オ）を自力で挙げることが難しければ，（ア）〜（キ）を教員が提示して，それぞれの妥当性を学習者に問うという練習でも構わないと思います。

第 5 章

文章に書いていないことを読む

　この第5章では，文章がどのように書かれているかを検討することを通して，ものの見方を変えたり表現のバリエーションを高めたりするほか，明示的に書いていないものを見いだす学習を試みたいと思います。

1.　書き換えて理解する

　第1節では，教材の中の表現を別の表現に書き換えることによって分かりやすさの違いを考えるとともに，表現に多様性を持たせる試みを展開します。

　まず，具体的に次の2組の文を比べてみてください。

（1）a.　科学技術の発達は人びとの生活を豊かにした。

　　　b.　科学技術の発達によって人びとの生活は豊かになった。

（2）a.　この経験が少女を大きく成長させた。

　　　b.　この経験のおかげで少女は大きく成長した。

ここに挙げた（1）と（2）は，いずれも文法的にはどちらも正しい文で，何も問題ありません。ただ，日本語として自然かどうかという点からいうと，（1a）は（1b）より少し堅い気がしますし，（2a）も（2b）より堅い印象を与えます。文法的に言うと，（1a）や（2a）のような表現は「他動詞文」と呼ばれます。述語が「する」や「成長させる」のような他動詞的だからであり，「Aが」

「Bを」という文成分を含んでいるところに特徴があります。こ
れに対し，（1b）や（2b）のような表現は「自動詞文」と呼ばれ，
述語動詞に「なる」や「成長する」のような自動詞を含み，「〜を」
という文成分を含まないところに特徴があります。このペアで重
要なのは，（1a）や（2a）のような他動詞的な表現と（1b）や（2b）
のような自動詞的な表現は，互いに書き換えることができるとい
うことと，日本語としての「自然さ」において差異があり，（1a）
や（2a）のように擬人法を含んだ他動詞表現は，（1b）や（2b）よ
りも人工的なものに感じられることがあるという点です。[1]

　この「自然さ」という点について言うと，言語研究で，最近
「好まれる言い回し」という考え方が注目されています。もとも
と，「好まれる言い回し（fashions of speaking）」というのは，ア
メリカの言語学者のウォーフ（Whorf（1956: 158-159））が提唱し
た概念で，同じような意味を表す表現が複数あり，どちらの表現
も文法的に適格のとき，母語話者の感覚として，より自然に感じ
る表現とそうでない表現があるということを反映したものです。
たとえば，自分たちのいる場所が分からなくなったとき，日本語
では「ここはどこだろう」と言うのが自然でしょうが，英語では，
Where am I? とか Where are we? と言います。このような英語
式の言い方を日本語に直訳して「私（たち）はどこにいるのだろ
う」という言い方は必ずしも自然ではありません。日本語では，

---

[1] 実際，（1）や（2）を英語で表すと，むしろ（1a）や（2a）のような無生物
主語構文といわれる構造で表される方が英語らしいと言われます。（1a）や
（2a）のような他動詞表現が，（1b）や（2b）のような自動詞表現より，英語の
直訳調に感じられるのは，そうした理由があります。

124

「私（たち）はどこにいるのだろう」という言い方よりも，「ここはどこだろう」という方が「好まれる」ということです。このように，日本語では「私」を言語化しない言い方が，「好まれる言い回し」の特徴の一つと言われています。(1) や (2) について言うと，常に他動詞文が不自然というわけではありますが，特に主語が無生物のときの擬人法的な他動詞文は，自動詞文にした方が「好まれる」という傾向が見られます。

　このような観点からいうと，次に挙げた表現は，より分かりやすく馴染みやすい表現に変換することができそうです。

年老いて死んでしまった倒木が、新しい木々を育てたのです。

「森へ」（光村図書六年）

ここでは，「年老いて死んでしまった倒木」のように人間でないものが主語になって，それが「新しい木々を育てた」という他動詞構造を作っています。これを自動詞構造に変換する操作を最初から児童に求めるのは無理でしょうから，次のように，変換した後の姿を見せて良いと思います。

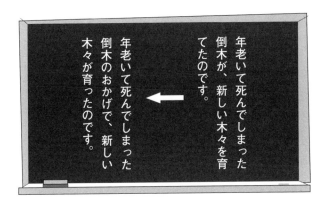

ここで重要なのは，上掲の他動詞的な表現と，変換後の自動詞的な表現を比べて，大きく意味が変わっていないことを確認した上で，感覚的に自動詞的な表現の方が「分かりやすい」と児童が感じることであり，そのような書き換えが行われたことを理解することです。

　同様の書き換えは，「プラタナスの木」（光村図書 4 年下）という教材にある次の一節についても試みることが可能です。

右側の原文では「一本一本の木とその根」が主語になって,「森全体を守り」「祖父母の家だって守ってきた」のような他動詞文を作っていますが,左側の書き換え文では,もとの主語が「一本一本の木とその根によって」のような理由に変わり,「森全体が守られ」「祖父母の家だって守られてきた」のような受け身表現になっています。受け身表現（受動態）は自動詞文ですので,全体として,右側の他動詞文から左側の自動詞文に書き換えられた形になります。このように,大意を変えることなく,相対的に単純な構造に書き換えることによって,「分かりやすくなった」と感じることが重要です。[2]

　ここで挙げた書き換え操作を一般化すると次のように示すことができます。

(3) のような他動詞文を (4) のような自動詞文に書き換えると,他動詞文で主語だった A が「A のために」「A によって」「A のおかげで」のような修飾語になり,代わりに他動詞文の目的語 B が主語に昇格するとともに,述語が他動詞から自動詞に変わります。この操作によって,大意を変えることなく文の構造を変える

---

[2] 3年生にも『里山は,未来の風景』（光村図書 3 年上）という教材に「里山の水は,たくさんのいのちをそだてる水なのです」という擬人法的な他動詞文があります。これを自動詞文に書き換えるなら「里山の水のおかげで,たくさんのいのちがそだつのです」のようになるでしょうが,3 年生では他動詞文から自動詞文への変換は難しいかもしれません。

ことができるわけですが，重要なのは，同じ内容を別の表現で言い換える操作を身につける点にあります。同じような内容を別の表現に言い換えることは，別の切り口から捉え直すということであり，多角的な視点を身につけるという意味があるからです。表現力を高めるということは，いくつかの言い回しを書き出した上で，より良いと思うものを選ぶことによって育つものです。そのためには，複数の表現を書き出すことが必要であり，書き換え練習は，その一つになるものです。[3]

コラム

表現を変えると見え方も変わる

　理論言語学には大きく二つの流れがあり，「生成文法」と呼ばれる立場と，「認知言語学」という立場が知られています。両者の違いを平明に説明するのは難しいのですが，敢えて単純化すれば，ことばの「意味」というものをどう考えるかという点から説明できます。

　まず，「意味」に対する生成文法の立場は客観主義的意味観と呼ばれ，言語の意味というものを「現実世界における客観的な論理関係」と考えます。この立場では，現実世界における論理関係が同じであれば，表現形式が異なっても意味は変わらないということになります。もう一つの認知言語学の立場は概念主義的意味観と呼ばれ，意味を「捉え方」と見なします。捉え方というのは，「事態をどのように捉えるか」という

---

[3] 他動詞的な表現と自動詞的な表現は，たしかに大意に違いはありませんが，厳密に言うと同じ意味とは言えません。ただ，この点は専門的に言うと非常に難しい話になりますので深く立ち入らないことにします。

128

ことであり，平明に言えば，〈ものの見方〉と呼んでもいいと思われます。人間が対象を捉えるプロセスに，人間の視点（viewpoint）や解釈（construal）といった繊細な要因が含まれると考える立場であり，アウトプットとして表出された言語表現は，「意味（＝ものの見方)」を反映したものと扱われることになります。

　　A　男が女を追いかける。
　　B　女が男に追いかけられる。

生成文法の立場から言うと，AとBは論理関係（事実関係）が同じですので，Aのような能動文とBのような受動文（受け身文）は単に表し方が違うだけで，あくまでも意味的には同じということになります。一方，認知言語学の立場から言うと，AとBで「意味が異なる」のは，そこに含まれる微妙なニュアンスに差異があるためと説明されます。

　認知言語学の観点から言うと，意味とは〈ものの見方〉であって，言語表現は，その捉え方を反映したものでありますから，どのような言語表現で表されているかと言うことは，まさに「意味（＝ものの見方)」を可視的に考える上で非常に重要なわけです。表面的な言語表現の差異を考えるということは，認知過程における〈ものの見方〉の差異を考えることにほかならないのです。認知言語学の立場から見て，同じ状況を表す複数の表現があるとき，そこに〈ものの見方＝捉え方〉の違いが生じることが分かります。そうすると，次のペアにおいて，同じ事態を表現したとしても，意味（＝ものの見方)は異なることになります。

　　C　オリンピックで，日本がアメリカに勝った。
　　D　オリンピックで，アメリカが日本に負けた。

日本とアメリカの対戦において，C は日本に視点をおいてポジティブに捉えているのに対し，D はアメリカのほうに視点をおいてネガティブに捉えているという差異が見られます。このように，認知言語学という研究パラダイムにおいては，意味とは〈ものの見方〉であり，表現が変えるということは，意味＝〈ものの見方〉を変えることになるわけです。この点については，菅井 (2015) の第 1 章・第 2 節で詳しく述べました。

2.　言語研究から見た読解のツボ（その 1）

　本書で見てきたように，テキストを読むということは，基本的に「書かれていること」に基づいて読解しつつ，「書かれていないこと」までを読んでいくことです。「書かれていないこと」には，推論によって導かれる二次的な意味（文字通りでない意味）だけでなく，「暗黙のルール」と呼んでもいいものが含まれます。そうしたルールを，言語研究者は広い意味での「文法」と呼びます。ここで言う「文法」は学校で学ぶ言語事項と大きく違うものですが，その「暗黙のルール」こそが学校で学ぶ「文法」になっていくべきではないかと私は思っています。

　さて，かつて日本語ブームと呼ばれた頃，よく，日本語の助詞「は」と助詞「が」はどう違うか，と問われることがありました。たとえば，「太郎は来た」というのと「太郎が来た」というのとではどう違うのかということです。専門的に言うと，「は」と「が」の決定的な違いは一つの答えで解決できるほど簡単ではありません。ただ，文章の読解に関係するものを一つ挙げるなら，「作用

130

域の差」と呼ばれる要因があり，次のように例示されます。

(5) a. 友人は大声で叫んだのに，助けてもらえなかった。
    b. 友人が大声で叫んだのに，助けてもらえなかった。

(5) の文には，それぞれ二つの述部が含まれています。「大声で叫んだ」と「助けてもらえなかった」の二つであり，その二つの述部の間に読点「，」が挿入されています。二つの述部のうち，(5a) も (5b) も「大声で叫んだ」のが「友人」であることに揺れはないのですが，「助けてもらえなかった」のは誰かという点については微妙に違いが出ます。あらためて，(5a) と (5b) を見て，「助けてもらえなかった」のは誰なのかを読み込んでみると，(5a) では「大声で叫んだ」だけでなく，「助けてもらえなかった」のも「友人」と解釈されるのではないでしょうか。主語と述語（述部）という関係で言えば，「友人は」という主語は「大声で叫んだ」という述部だけでなく，その後ろの「助けてもらえなかった」にまで届いているということです。一方の (5b) において「大声で叫んだ」のは「友人」ですが，「助けてもらえなかった」については，「友人」というより，話者自身（自分）と解釈されるのではないでしょうか。あるいは，「友人」と話者自身（自分）の両方と解釈する人もいるかもしれません。重要なことは，(5a) のように「は」のついた主語は，直後の述部だけでなく，その後ろの述部にもつながっていくのに対し，(5b) のように「が」のついた主語は，直後の述部には繋がるものの，その後ろの述部に

まで繋がるとは限らないという点です。[4]

　要するに，「は」は読点「，」を越えて次の述語動詞にまで届く
ということですが，実は，「は」は読点「，」だけでなく，句点「。」
をも越えて続いていくことができます。「は」が句点を越えるこ
とについて，夏目漱石の小説「吾輩は猫である」の冒頭をみてく
ださい。

>　(6)　吾輩は猫である。名前はまだ無い。どこで生れたかと
>　　　んと見当がつかぬ。何でも薄暗いじめじめした所で
>　　　ニャーニャー泣いていた事だけは記憶している。

この中で，明示的に主語が現れているのは最初の文だけであり，
第2文以降に主語は明示されていません。それでも，第2文の
「名前はまだ無い」のは「吾輩」であり，第3文の述部「見当がつ
かぬ」のも「吾輩」であり，それに続く「記憶している」も主語
は「吾輩」と解釈されます。そうすると，仮に (6) の文章の中の

---

[4]「は」と「が」の違いについては，言語研究で多くの論考が重ねられてき
ましたが，作用域の差のほかに少なくとも三つの要因が指摘されているとい
うのが現状です。第1に，情報の新旧という観点からいうと，「は」は先行文
脈に現れた項目やすでに知られている項目（旧情報）につき，「が」は文脈に
初めて現れる項目（新情報）につくとされます。第2に，重点の差異という観
点からいうと，「は」の場合，「A は B だ」というとき，B に重点が置かれる
のに対し，「が」の場合「A が B だ」というとき，A または文全体に重点が置
かれるという差異が見られます。第3に，述語の性質という観点からいうと，
「は」は恒常的な事態を表す述語と親和性があり，「が」は一時的事態あるいは
動作を表す述語と親和性があるという違いが見られます。ただ，これらの点
については専門的になりすぎますので，読解に必要な知見としては，取り敢
えず「作用域の差」だけで十分でしょう。

すべての文に主語を復元させるとすれば，次の（7）のように表すことができるでしょう。

(7) 吾輩は猫である。［吾輩は］名前はまだ無い。［吾輩は］
どこで生れたかとんと見当がつかぬ。［吾輩は］何でも
薄暗いじめじめした所でニャーニャー泣いていた事だ
けは記憶している。

この（7）のように，文章の中のすべての文に主語を復元すると，感覚として「くどい」と感じる人もいるのではないでしょうか。（6）のように，2文目以降に主語が明示されていない方が，むしろ，すっきりした文章になっています。いま，（6）のように，2文目以降に主語が明示されていない状態で，主語と述部の関係を図式的に表すと次のようになります。

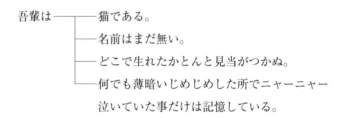

この図は，（6）の文章において，冒頭に「吾輩は」という主語が一つだけあり，それ以降の述語のすべてが「吾輩は」という主語に収束する関係を図示しています。要するに，主語が明示されていない文は，最初に提示された主語にぶら下がるような形になり，連続した複数の文が一つの統一体になるわけです。一般に，普通の文章というのは，ただ文が連続的に並んでいるというよ

り，連続した複数の文が一つの統一体として成り立っているもの
であり，これを「結束性（cohesion）」と言います。「結束性」は，
談話分析（テキスト分析）の研究において談話（テキスト）がま
とまった統一体として成り立つことを指す概念であり，特に明示
的な〈言語形式の連続関係〉を指します。畠弘己（1980）は，日
本語における主語の省略という現象が文章の結束性を生み出して
いることを指摘しました。まさに，（6）のように主語のいくつか
が省略されることによって，（8）のような関係が成立するという
わけです。このように考えると，主語は省略されるという消極的
な言語行為というより，文章（テキスト）の結束性を高めるとい
う積極的な行為であるとも言えます。要するに，主語が一つしか
ないために，結果的に文章全体が一つにまとまって感じられると
いうことです。[5]

　「は」の句読点越えと結束性という観点から，文学教材の文章
を見てみましょう。次の文は，「ごんぎつね」の冒頭部分です。

　（8）　　これは，わたしが小さいときに，村の茂平というお
　　　　　じいさんから聞いたお話です。

　　　　　　昔は，わたしたちの村の近くの中山という所に，小

---

[5] なお，「Ｘ ハ」という部分は，一般に「主語（subject）」と呼ばれるものに
該当することが多いのですが，言語研究の専門用語では「主題（topic）」とい
います。この主題が，句読点を越えて，次の文まで主題の役割を果たす現象
を，三上章（1960）は「（ハの）ピリオド越え」と呼びました。この「ピリオド
越え」が成立するには一定の条件があり，清水佳子（1995）では，後続する文
が，主題の属性（性質）を表す文のとき主題が省略されにくくなることが指摘
されています。

さなおしろがあって，中山様というおとの様がおられ
たそうです。

　その中山から少しはなれた山の中に，「ごんぎつね」
というきつねがいました。ごんは，ひとりぼっちの小
ぎつねで，しだのいっぱいしげった森の中に，あなを
ほって住んでいました。そして，夜でも昼でも，辺り
の村へ出てきて，いたずらばかりしました。畑へ入っ
ていもをほり散らしたり，菜種がらのほしてあるのへ
火をつけたり，百姓家のうら手につるしてあるとんが
らしをむしり取っていったり，いろんなことをしまし
た。

「ごんは，ひとりぼっちの小ぎつねで」より後ろの部分に注目す
ると，１回だけ「ごんは」という主語が明示されていますが，そ
の後，「いろんなことをしました」という引用部分の最後まで，
主語のない文が続きます。その部分に主語を復元しようとすれ
ば，いずれも「ごんは」になるでしょうが，この主語「ごんは」
がなくても，理解することは可能です。実際，「ごん」は，「ひと
りぼっちの小ぎつね」であり，「あなをほって住んでい」ただけ
でなく，次の文の「辺りの村へ出てき」たのも，「いたずらばか
りし」たのも「ごん」であり，その次の文にある「畑へ入ってい
もをほり散らしたり」「菜種がらのほしてあるのへ火をつけたり」
「百姓家のうら手につるしてあるとんがらしをむしり取っていっ
たり」したのも，すべて「ごん」が主語です。では，なぜ主語が
ないのでしょうか。単純に考えると，「省略されている」と答え

ればいいように思うかもしれませんが，厳密な意味で「省略され
ている」のであれば，省略される前の最初の段階では主語が存在
していて，それを「敢えて書かなかった」という事実がなければ
なりません。では，本当に，最初の段階で主語があって，わざわ
ざ主語を「書かない」という操作をしたのでしょうか。そのよう
な証拠はあるでしょうか。実際に私たちが見ているのは主語のな
い状態の文章だけで，主語を省略（カット）した痕跡を見た人は
いないわけですから，最初から主語はなかったと考えるのがむし
ろ自然です。しばしば「日本語は主語が省略されやすい」と言わ
れますが，より正確に言えば「日本語は主語を表すかどうかは基
本的に自由」ということになります。ここでも，上述のように，
敢えて主語を表さないことによって，文章に結束性が生じるとい
う意味があるのです。このことを説明するため，仮に（8）の中
で「ごんは」が表されていない三つの文に，敢えて主語を復元す
るとすれば，次の（9）のようになります。

> （9）　ごんは，ひとりぼっちの小ぎつねで，しだのいっぱい
> 　　　しげった森の中に，あなをほって住んでいました。そ
> 　　　して，［ごんは］夜でも昼でも，辺りの村へ出てきて，
> 　　　いたずらばかりしました。［ごんは］畑へ入っていもを
> 　　　ほり散らしたり，菜種がらのほしてあるのへ火をつけ
> 　　　たり，百姓家のうら手につるしてあるとんがらしをむ
> 　　　しり取っていったり，いろんなことをしました。

このように，主語のなかった二つの文の主語「ごんは」を復元す
ると，結果的に三つの文の冒頭に同じ主語が続くことになり，感

覚として「くどい」と感じることでしょう。たしかに，それぞれの文の主語が明示的に確定されましたが，それぞれの文が独立し，その結果として，単なる独立した文の集合という形になってしまっています。実際，上の（8）のように，2 文目以降に主語が明示されていないことで，述語は，冒頭に明示された一つの主語「ごんは」に結びつけられることになり，全体が一つにまとまる（結束する）という効果が生じます。このことを，上に挙げた「吾輩は猫である」と同じように表すならば，次のように図示することができます。

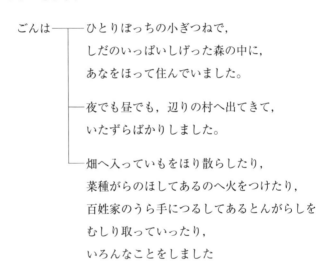

ごんは───ひとりぼっちの小ぎつねで，
　　　　　しだのいっぱいしげった森の中に，
　　　　　あなをほって住んでいました。

　　　───夜でも昼でも，辺りの村へ出てきて，
　　　　　いたずらばかりしました。

　　　───畑へ入っていもをほり散らしたり，
　　　　　菜種がらのほしてあるのへ火をつけたり，
　　　　　百姓家のうら手につるしてあるとんがらしを
　　　　　むしり取っていったり，
　　　　　いろんなことをしました

この図は，三つの文に明示的な主語が一つしかないために，その一つの主語の下に複数の述語が収束するという関係を図示しています。

　このように，主語がないということを「結束性」を高める積極

的な操作と考えると，学習のプロセスは次の3段階に整理することができます。

- （ア）　主語が明示されていないことに気づき，そこに主語を復元することができる
- （イ）　主語が明示されていなくても理解できることを知る
- （ウ）　主語が明示されていないことによって，全体として結束することを理解する

（ア）で「明示されていない」というのは，俗に「省略」されていることですが，厳密にいえば，省略ではないという趣旨で，あえて「明示されていない」と記述しました。（イ）は無理に主語を書かなくてもいいことを示しています。第2章の用語を使えば，日本語では，理解に支障がない限り主語を明示しないことが「好まれる言い回し」ということになります。（ウ）は，やや高度な話になりますが，ちろん，小学校で結束性という用語を使う必要はなく，口語的に「ギュッと固まる感じがする」というような説明でいいでしょう。作文を書くときに，冗長的に主語を付けないように書くことにつながることが期待できるからです。

☞ 主語を復元できることを学ぶ一方で，主語がなくても理解できるというだけでなく，主語がないことによって結束性が高まることを知れば，この知識を作文を書くときにも反映できる。

コラム

結束性

　結束性（cohesion）というのはテキストの中の文がまとまっていることを表す概念です。文章は，複数の文がバラバラに存在するのではなく，一つの有機体をなすということです。結束性に関する先駆的な研究として知られるハリディとハサン（Halliday and Hasan（1976））によると，結束性が生じるのは，談話の中で，ある要素の解釈が別の要素の解釈に依存する場合であると説明されます。文法概念によって成り立つ結束性を文法的結束性といい，「代用」「省略」「接続」などの方法があります。このうち，「代用」は「そう」などで代用することによって前出の指示詞と関連づける方法で，「省略」は省略することによって前述と同じものを想定させる方法であり，接続は明示的に接続詞や接続助詞で論理関係を示す方法をいいます。「結束性」と類似した概念に「一貫性（coherence）」があり，非明示的な〈文内容の連続関係〉を指す点に相違があります。「結束性（cohesion）」も「一貫性（coherence）」も，談話分析（テキスト分析）の研究において談話（テキスト）がまとまった有機体として成り立つための条件として提唱された概念ですが，結束性が明示的な〈言語形式の連続関係〉を指すのに対し，一貫性は非明示的な〈文内容の連続関係〉を指す点に相違があります。

3. 言語研究から見た読解のツボ（その2）

　文章の理解に言語表現上のルールが関わる例として，「ウナギ

のなぞを追って」（光村図書 4 年）を取り上げます。この文章には，
〈読み手〉にとって読解上の困難になるものが二つ含まれていま
す。

　一つ目の困難は直示表現が用いられている点です。具体的に，
文章の冒頭を見てください。

> (9)　　今年もマリアナの海にやって来ました。日本から，
> 　　　　真南に二千キロメートル，周りに島一つ見えない
> 　　　　海の真ん中です。毎年のようにここにやって来る
> 　　　　目的は，ウナギがどんな一生を送る生き物なのか
> 　　　　を調査することです。あざやかなぐんじょう色の
> 　　　　海は，白い船体を青くそめてしまいそうです。

この中で冒頭に「今年」という表現が使われており，同じ文の中
に「やって来ました」という表現がありますので，それらの部分
に注目して読んでいきたいと思います。「今年」や「やって来る」
という表現は，言語研究において直示表現（deictic expression）
と呼ばれ，発話がなされた場所と時間を基準に指示対象が確定す
るという特徴を持ちます。冒頭に挙げた二つの困難のうちの第 1
は，「今年」や「やって来た」という直示表現が用いられているに
もかかわらず，〈書き手〉と〈読み手〉で時間や空間が共有されて
いない点です。そもそも，冒頭にある「今年」という表現は，
1960 年に発話されたのでれば 1960 年を指しますし，2040 年に
発話されれば 2040 年を指すことになります。いつ発話されるか
によって「今年」の指示対象が変わるところに大きな特徴があり

ます。直示表現は，発話の時点で〈書き手〉と〈読み手〉が同じ場所と同じ時間にいるならば，〈読み手〉は何の問題もなく理解できますが，〈書き手〉と〈読み手〉が異なる時間や場所にいるとき，指示対象がわかりにくくなるという側面を持ちます。直示表現の類例には「今日」や「今月」があり，たとえば，話しことばで，男の子が「今日は僕の誕生日だ」と言うのに対して女の子が「おめでとう」と言う会話がなされたとします。

図 1

このとき，当然のことながら，男の子（話し手）と女の子（聞き手）は同じ日にいるわけですから，男の子と女の子の間で「今日」という表現の解釈に食い違いが生じることは普通ありません。言い換えれば，話した日と聞いた日が同じという理解がある限り，「今日」という直示表現は最も簡単に理解できるということです。

　これに対し，書きことばの場合，書いた日と読む日が違うということが起こり得ます。

図2

書きことばの場合，男の子（書き手）が「今日は僕の誕生日だ」
と書いたものを女の子（読み手）が読むという状況の中で，書か
れた日と読まれた日が異なるとき，「今日」という表現が何月何
日のことを指しているのか〈読み手〉は推論しなければならない
ことになります。このように，〈書き手〉と〈読み手〉が同じ時間
や同じ場所にいないときに直示表現を使うのは，〈書き手〉とし
て不適切と言わなければなりませんので，〈読み手〉の立場から
言うと，直示が使われているということは，〈書き手〉と〈読み
手〉は同じ場所や時間にいて，〈書き手〉にとっての指示対象と
〈読み手〉にとっての指示対象は同じになるはずだと期待するの
が自然と言えるでしょう。[6]

---

[6] 「今日」という直示表現ではなく，たとえば「2030年5月5日」という絶
対的な表現であれば，書かれた日と読まれる日が異なっていても解釈に食い
違いが起きることはありません。「2030年5月5日」という表現は，どの日
から解釈しても誰にとっても同じ日を指すからです。ただし，日記のように
他人に知らせることを前提としない場合は直示表現を自由に使うことも問題
なく，たとえば，日記に「今日も一日中ここから外に出なかった」のように書

142

　このとき問題になるのは，むしろ書かれた日と読まれた日が同じ日なのか異なる日なのか，はっきり分からない場合です。その場合，〈読み手〉は，「今日」という表現を解釈するのに，（ア）読んでいる日と同じ日と考えてよいのか，（イ）過去の別の日を推測しなければいけないのか，という二つの可能性の間で判断しなければならないのですが，第1選択として（ア）の解釈を選択する傾向が予想できます。というのも，（ア）のように，書かれた日と読まれた日が同じであれば，〈読み手〉は「今日」が何月何日なのか推論する必要もなく，一方で，「今日」という直示表現を使うのであれば，〈読み手〉にとっても分かるように使うであろうと期待されるからです。ところが，実際には，この「ウナギのなぞを追って」は，過去の出来事について後から振り返るような形で書かれており，それが分かるまで，児童は（ア）で読んでいくでしょうし，この記録文が過去の出来事について後から振り返るような形で書かれていることに気づいたときに（イ）に切り替えなければならないわけです。

　もう一つ注目したいのは，「やって来ました」という表現です。ここに「来た」という語が使われています。似たような表現に「行った」という語もあるのですが，日本語の「来る」と「行く」の違いは，話し手（書き手）の視点に帰着され，「来る」は話し手（書き手）のいるところに移動する事象をいうのに対し，「行く」は話し手（書き手）から離れたところに移動する事象を指します。

_____

いても，書き手と読み手が空間的・時間的に異なるところにいたとしても，直示表現の理解に困難はないように見受けられます。日記の場合は，書かれた日と読まれた日が異なっても，十分に予想の範囲内だからです。

たとえば，女の子が移動する行為を男の子（書き手）の立場で描くとき，「来る」と「行く」の関係は，それぞれ次の図3と図4のように示されます。

図3

図4

図3は「女の子が来た」という行為を男の子（書き手）の視線から図示したものであり，「来る」という行為は，男の子（書き手）のところに移動することを言いますので，結果として，女の子は男の子（書き手）のところにいることになります。図4は「女の子が行った」という行為を男の子（書き手）の視線から図示したものであり，「行く」という行為は，男の子（書き手）のところから離れる移動を言いますので，結果として，女の子は男の子（書

き手）のところにいないことになります。その上で，教材の本文
を見ると，「マリアナの海にやって来ました」とありますので，
〈書き手〉はマリアナの海にいるということが含意されるのです
が，一方で，〈読み手〉はマリアナに行って読むということをし
ない限り，直示表現が含まれているにもかかわらず，〈書き手〉
と違うところにいることに気がつかなければなりません。

☞「今年」や「やって来る」といった直示表現の解釈は，〈書
き手〉のいる場所や時間に依存するので，〈書き手〉と〈読
み手〉が場所や時間において離れているとき理解に困難を
感じる。

上述のことを踏まえ，あらためて本文の冒頭を見ると，「今年」
と「やって来ました」という時間的な直示表現と空間的な直示表
現が含まれているにもかかわらず，時間的にも空間的にも〈読み
手〉は〈書き手〉と違うところにいることを把握しなければなり
ません。ここに，読解上の困難が予想されます。

第2の困難は，この文章が「額縁構造」になっているにもかか
わらず，明示的に説明されていない点です。「額縁構造」という
のは，大きな物語（外側）の中にもう一つの物語（内側）が埋め
込まれているものをいいます。実は，「ウナギのなぞを追って」
も額縁構造をなすのですが，児童には見えにくいかもしれませ
ん。結論を先取りすれば，冒頭から第3段落までが「今年」の話
で，その次の第4段落から，探索が始まったころの話に遡りま
す。

> 今年もマリアナの海にやってきました。
>
> たまごを産む場所をさがす調査は、より小さいウナギを追い求めるところから始まりました。

冒頭の「今年もマリアナの海にやってきました」から第3段落までが外枠の記述であり、ここまでが執筆時点としての「今年」の話で、第4段落の「たまごを産む場所をさがす調査は、より小さいウナギを追い求めるところから始まりました」から80年前の調査記録が始まります。もし、第4段落の直前に説明を補足するなら、「では、八十年前に戻って話を始めましょう。」のような一文を入れるのはいかがでしょう。[7]

　なお、これに関連して、国語科教育に特有の用語で言う「頭括」「尾括」「双括」もメタ言語に含めることができます。そうすると、この「ウナギのなぞを追って」の冒頭にメタ言語としての「頭括」

---

[7] このような説明的な一節は「メタ言語（metalanguage）」という用語で扱うことができます。「メタ言語」というのは、他の表現を補足的に説明する表現であり、簡単に言うと「ことばを説明するためのことば」と考えてかまいません。メタ言語（metalanguage）は、言語学ではヤコブソン（Jakobson（1956, 1980））によって重要性が知られるようになりました。たとえば、「したがって」のような語（word）レベルの接続詞だけでなく、「別の観点から言い換えると」「繰り返しになりますが」のようなフレーズ（句）レベルのものや、「今から三つのことを話します」や「これが彼の話のすべてです」のような文（sentence）レベルのものも含まれます。訳語としては、一般に、そのまま「メタ言語」と訳されますが、「超言語」「高次言語」「説明言語」などと言われることもあります。

を加えるなら，次のような一節が候補になるでしょう。

(10) この話は日本のウナギが海洋のどこで卵を産むかを調
査した研究者たちの記録文です。はじめに調査の全体
について述べて，それから，調査を始めたころに戻っ
て詳しくお話ししていきます。

もちろん，これは頭括の一例であり，絶対的なものではありませ
んが，国語科教育で「読むことと書くことの関連指導」という観
点が提唱されている以上，このような試みも展開していかざるを
得ないのではないでしょうか。

　このことは話しことばにも言えます。たとえば，職場や学校で
のミーティングなどで簡単な事務連絡を行うとき，冒頭で「今日
は連絡事項が4つあります」と言えば，4つの事項を把握しやす
くなりますし，安心して聞くことができるようになります。これ
らの頭括部が伝達の効率を高めることは確かですが，現実には，
いつも頭括が示されるとは限りません。逆に言うと，私たちは，
頭括がない形にも対応できなければならず，実際，教科書の説明
文の多くは頭括を持ちません。明確な頭括のないという点で，
（逆説的にはなりますが）教材としての説明文は，現実社会での
良き教科書と言えるのです。

☞ 文章や発話の冒頭に全体の概要を提示する表現（メタ言語表現）が掲げられれば，全体を理解するのに有効であり，文章を書くときや話すときには冒頭に頭括を掲げることが望ましい。ただし，実際に接する文章や発話においては冒頭に頭括が掲げられているとは限らないため，そのような文章や発話に対しても全体を理解できるようにならなければならない。

コラム

直示（ダイクシス）

　言語表現の中には，1人称話者のいる位置や時間によって具体的な指示対象が決まるものがあり，直示表現（deictic expression）といいます。具体的に，「ここは一体どこなんだろう」「ここへ来たのは2回目だ」というとき，当たり前のようですが，「ここ」は発話された場所ですので，「森の中」で発話されたのであれば「ここ」＝「森の中」であり，「古びた港町」で発話されたのであれば，「ここ」＝「古びた港町」となります。「ここ」という語が指示する場所は発話された場所と常に同じであり，逆に言うと，「ここ」という表現を使うということは，発話者は，その場所にいることになるわけです。同様のことは，「今日」のような時間表現にも言えます。「今日は運動会です」というとき，「今日」というのは発話された日のことですので，発話された日が「9月22日」であれば，「今日」＝「9月22日」であり，発話された日が決まらなければ指示対象は特定できません。

　このように，直示表現は，1人称話者のいる位置や時間の

基準に解釈が決まるところに最大の特徴があり，人称の割り振り，指示詞（コソア），時間表現（「昨日」「翌年」），移動表現（「来る」「行く」）等に反映されます。「イマ・ココ・ワタシを基準点とした表現」とも言われます。

コラム

額縁構造

　額縁構造は，大きな物語（外側）の中にもう一つの物語（内側）が埋め込まれているもので，額縁構造をもつ物語を「枠物語（frame narrative）」といい，演劇で言えば「劇中劇（story within a story）」といいます。

　国語科の教材の中にも，額縁構造を持つものがいくつか見られます。文学教材で言えば，「ごんぎつね」（4年）のほか，「大造じいさんとガン」（5年）や「わらぐつの中の神様」（5年）に見られます。「ごんぎつね」では，冒頭の「これは，わたしが小さい時に，村の茂平というおじいさんから聞いたお話です。昔は，わたしたちの村の近くの，中山という所に，小さなおしろがあって，中山様というおとの様がおられたそうです」という部分が外側の「額縁」であり，それに続く部分が「おじいさんから聞いたお話」そのもの（内側）になります。「大造じいさんとガン」では，冒頭の額縁部分（外側の語り）によって，72歳の大造じいさんが36歳か37歳ごろの話であることが語られますので，〈読み手〉は，大造じいさんの若いころの話であることを知ることになります。「わらぐつの中の神様」では，冒頭から「おばあちゃんはそう言って，雪の音にちょっと耳をすましてから，こんな話を始めました。」までが額縁部分（外側）であり，末尾では「『どうだい，いい話だろ』

おばあちゃんはそう言ってお茶を飲みました。」の直前までが内側で，ここから額縁部分（外側）に戻る形になります。

　額縁構造を持つ作品には古典の「今昔物語」や夏目漱石の「夢十夜」のほか，「オズの魔法使い」や「千一夜物語」などがあります。「今昔物語」では，個々の説話の冒頭に「今は昔」とあり，ほとんどの場合，末尾が「となむ語り伝えたるとや」で終わっていて，そこに挟まれた部分に個別のストーリーが埋め込まれる形になっています。夏目漱石の「夢十夜」では，額縁としての「こんな夢を見た」で始まり，その後の内容が「額縁の内側」となります。「オズの魔法使い」では，全体の冒頭と末尾だけカンザス（＝現実の世界）が舞台になっており，その中間部分がオズの国（＝夢の世界）になっています。

　額縁構造の典型的な形は，冒頭と末尾に外枠の記述があり，それに挟まれるように内側の記述があるというものですが，変則形として，外枠の記述が冒頭だけのものと末尾だけのものもあります。冒頭と末尾の両方に外枠の記述をもつものに「今昔物語」や「オズの魔法使い」があり，冒頭にだけ外枠の記述をもつものに「ごんぎつね」があります。逆に，末尾にだけ外側の記述をもつ作品に「わすれられたおくりもの」や「うみへのながいたび」があります。中学校の国語科教科書に収録されている「少年の日の思い出」（ヘルマン・ヘッセ）も額縁構造を持ちます。

コラム

頭括・尾括・双括

　小学校や中学校の国語科では，文章の構成を考えるのに，文章の中の結論（主題）がどこにあるかによって「頭括型」「尾

括型」「双括型」という三つのパターンが知られています。この三つのパターンは次のように図示できます。

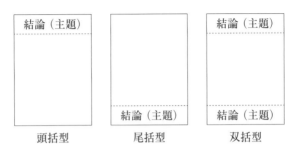

「頭括型」というのは文章全体の趣旨（結論）が文の冒頭に掲げられたものをいい，「尾括型」は趣旨（結論）が文の末尾に掲げられたものをいいます。「双括型」は，文章全体の趣旨（結論）が文の冒頭と末尾の双方に掲げられたものをいいます。頭括型と尾括型と双括型の三つのパターンの中で最も確実に内容を理解される形を選ぶとすれば，明らかに双括型でしょう。文章の冒頭と末尾の2箇所で結論的な内容を明記することで読者にとっては確実かつ安心して読んでいくことができるからです。基本的に学術論文の多くは双括型形で書かれることが一般的のようです。つまり，冒頭で論文全体の構成と見通しを述べると同時に，末尾で全体を総括するという作業が含まれています。

　この観点から言うと，文章を書くとき，「頭括型」か「双括型」を採用すれば，少なくとも文章全体の論旨を最初に知ることができ，見通しを持って全体を読むことができることになるのですが，これを文学にあてはめるのは，ある意味でナンセンスです。試みに，昔話の「桃太郎」の冒頭に次のような頭括を入れることは有用でしょうか。

> これは桃から生まれた桃太郎が，おばあさんからき
> びだんごをもらい，サル，犬，キジを連れて鬼ヶ島
> へ鬼を退治しに行く話です。

これにより，〈読み手〉にとっては読み始めた段階でネタバレになり，読む気も失せることでしょう。文学に「頭括」が馴染まないのは，文学はストーリーに仕込まれた未知の展開を味わいながら読むものだからでありますが，逆に言うと，「頭括」には，物語を面白くなくさせるほど，先の見通しを提示する効力があるとも言えます。

4．報道記事の中の〈文字通りでない意味〉

　ニュースを聞いたり読んだりしていると，独特の表現に出会うことがあります。政治用語や経済用語の中でも，「急迫不正の侵害」とか「量的規制の緩和」などのように言葉や概念そのものが難しいものは，小学生に理解させるのは至難の業です。第4節では，言葉そのものは必ずしも難しくはないのに，独特の文脈で〈文字通りでない意味〉になるケースを取り上げます。

　まず，具体的に，次の例を見てください。

(11)　日本政府はアメリカに対し理解を求めた。
(12)　日本政府はアメリカの決定を歓迎する意向を示した。
(13)　中国外務省の発表に対し，日本政府は不快感を示した。
(14)　外務省幹部は遺憾の意を示した。

152

(15)　日本政府は外交政策を変更する用意がある。

(16)　あらゆる可能性を排除しない。

(11)-(16) のような報道の表現が分かりにくい理由の一つに，日常的に使う〈文字通りでない意味〉が含まれていることが挙げられます。(11) で「理解を求めた」というとき，その中の「理解」や「求める」という語そのものは難しくないものの，ニュースという文脈での解釈に困難を覚えるのは，(11) の「理解」が「知って分かる」という原義的な意味ではなく，「気持ちをくみとる」のような意味で用いられているだけでなく，平明に言えば，「自分の思うようにやらせてくれ」のような独特の意味で解釈しなければならないことに要因があります。[8]

　(12) の「歓迎」は「訪問者を喜んで受け入れる」という通常の意味ではなく，抽象的に「そうなってくれたらありがたいと思っている」と解釈されます。(13) の「不快感を示す」は「気分が悪いという気持ちを表明する」という意味ではなく，平明に言えば「迷惑なことをするなよと」という心情を表しているものを解釈できます。(14) の「遺憾」は，辞書的には「心残り」や「残念」のような意味ですが，「遺憾の意を示す」は，〈文字通りの意味〉としての「残念という気持ちを表明する」ではなく，「そんなことはやってはいけないと思っている」と解釈されます。(15) の「用意がある」という言い方も特有です。「用意がある」というのは，物理的に「何かを買ったり揃えたりする」ということではな

---

　[8] 『大辞林』(第4版) では「理解」の項に「相手の立場や気持ちをくみとること」という語義を記載しています。

く，「気持ちの準備ができている」ということであり，要するに
「要請されれば対応する」「求められれば応える」という意味で解
釈されます。最後の (16) でいう「あらゆる可能性を排除しない」
は，「すべての可能性を残しておく」ということですから，何ら
方向性や選択肢を限定していないという意味になりますが，この
ことを平易に言い換えるなら，「自分は何も決めていない」「どう
なるか分からない」「その時になってから決める」ということと
解釈できます。やや乱暴な言い方をすれば，「どんな手を使って
も，やる時はやるよ」というくらいの意味が実際に近いかもしれ
ません。転義の観点から言えば，上位語から下位語の提喩にあた
ります。

　このほか，事故や事件のニュースで「犠牲者」という言い方が
見られますが，報道において「犠牲者」は「死亡した人」を指し，
「怪我をした人」や「列車事故によって仕事上の不利益を受けた
人」を「犠牲者」とは言いません。このとき，〈文字通りでない意
味〉としての「死亡した人」は，〈文字通りの意味〉としての「犠
牲になった人」の一種ですから，「犠牲者」が「死亡した人」を意
味するということは，提喩ということになります。また，「反社
会的勢力」という表現も良く耳にします。文字通りには「社会に
反抗して生きていく人たち」ということですが，実質的には「暴
力団」を指し，「テロリスト」や「近所に向かって騒音を出し続け
る住民」を指すことはありません。特定の一つに限られるという
点で提喩の例と解釈されます。

　政治関連の表現で特に面倒に思われるのが選挙報道の用語では
ないでしょうか。一般の人にとっては，まるで騙されているかの

ような意味が含まれているからです。特に選挙期間中は，新聞が
情勢を記事にするとき，独特の言い回しが用いられ，過去の参議
院選挙では新聞に次のような見出しが掲載されました。

　「与党過半数確保は微妙」2010 年 6 月 26 日

このとき与党が過半数を確保する可能性はどれくらいと考えれば
いいでしょうか。「微妙」という表現に注目すると，三省堂『大
辞林』（第三版）では「微妙」の語義に，「①なんともいえない味
わいや美しさがあって，おもむき深いこと」「②はっきりととら
えられないほど細かく，複雑で難しいこと」とあります。そうす
ると，上掲の見出しは，「与党が過半数を確保できるかどうかは
分からない」あるいは「与党が過半数を確保できるかどうかは，
はっきりとは言えない」と解釈するのが普通でしょう。ところが，
選挙の情勢に関する報道記事において「微妙」と言えば，辞書に
あるような意味ではなく，実は「ほぼ不可能」という明確な意味
を表しています。上の例で言えば，「与党の過半数確保はどちら
とも言い切れない」ではなく，「与党の過半数確保はできないだ
ろう」と意図で記事は書かれます。「微妙」という語が「ほぼ不可
能」の意味で用いられるのは，意味がずれるという点では最たる
ものと言えるでしょうが，選挙においては報道が投票行動に影響
を与えないよう細心の注意が必要であり，その結果，〈文字通り
でない意味〉が用いられているというのが実態です。

　このほか，選挙報道において，日常的な〈文字通りでない意味〉
で用いられる表現がいくつかあります。その一つに「懸命に追う」
という独特の表現があります。「A 氏が B 氏を懸命に追ってい

ます」というとき，どのような情勢でしょうか。その段階で，B
氏の方が有利な状態にあるということは読み取れますが，A 氏
はどれくらい B 氏に近づいていると言えるのでしょう。常識的
に考えると，「懸命に追う」というわけですから，A 氏が B 氏に
追いついて，A 氏のほうが当選する（あるいは 1 位になる）可能
性もあるかもしれないと解釈する人もいるかもしれませんが，実
は，選挙情勢の報道において「懸命に追っています」というのは，
世論調査で 10 ポイント以上の差がついている状態をいい，中盤
あるいは終盤の情勢であれば，「A 氏の当選はない」という意味
になります。「懸命に追う」という表現が「当選はない」という否
定的な意味で用いられるのも，上述と同様の理由です。このほか
の選挙用語として，「今一歩」「伸び悩む」「苦戦」などがあり，
いずれも「絶望的な状態」を表します。逆に，「A 氏が優位」と
か「A 氏が先行している」と言えば，当選確実な情勢です。「A
氏が B 氏を激しく追う」と言えば，序盤より差は詰まっている
ものの，A 氏が 5 〜 9 ポイントほどの差で有利であることをい
い，まだ差が大きい状態を指します。日常的な使い方としての
「懸命に追う」や「激しく追う」のような表現では，競争の激しさ
を強調されるのですが，報道においては，かなり当落の可能性を
明確に示していることがわかります。[9]

---

[9] 選挙の情勢に関する表現と当選可能性の関係は新聞社によって多少の差
異はあるものの，岩井奉信（1985）が挙げた例によると，「当選は固い」「独
走」「最も安定」「圧倒的な強み」などと言えば当選確率は 99％以上と見込ま
れ，「余裕をもった戦い」「優勢」「先行」「安定」などと言えば当選確率は
90％以上と見込まれ，「手堅い戦いぶり」「かなり有力」と言えば当選確率は

政治関連では，選挙報道の表現だけでなく，政治家の発言その
ものも分かりにくいことが少なくありません。たとえば，政党の
代表を選ぶ選挙に関するニュースにおいて，投票の結果，落選し
た方の候補者に対して記者が質問した場面として，次の会話をみ
てください。

(17) 記 者：　今回の選挙の敗因は何だとお考えですか。
　　　候補者：　まぁ，それはいろいろありますからねぇ。

記者の質問に対して，敗れた候補者が「(敗因は) いろいろある」
と答えていますが，ここで「いろいろ」といっているのは，代表
選挙における自分の敗因を個別に特定することを避けるためとい
う作為的な発話と見ることができます。これを転義の観点から見
れば，「個別の要因」という具体的な内容を「いろいろ」と一般化
しているものであり，いわば下位概念から上位概念への提喩と分
析することが可能です。そこに〈ぼかし〉という技法が作用して
いるからです。
　もう一つ，次の例を見てください。辻・菅井 (2006) でも挙
げた例ですが，大臣に報道記者が質問する場面です。

(18) 記者：　秘書が逮捕されたことについて，今のお考え
　　　　　　は？
　　　大臣：　非常に遺憾なことと思います。
　　　記者：　大臣ご自身にも献金が渡ったという報道もあり

70％以上と見込まれると言います。また，厳密に言うと，選挙区が1人区の
ときと，2人区あるいは3人区以上の場合でも変わることがあるようです。

ますが。

　　大臣：　知りません。そんなこと私は知りません。

大臣の秘書が逮捕され，記者たちが大臣を取り囲んで質問攻めにしている場面で，大臣が繰り返し「知りません」というのは，〈文字通りの意味〉としては「秘書が逮捕されたことについて（自分は）情報を持っていない」ことを意味しますが，大臣の意図としては，むしろ〈文字通りでない意味〉として「だから，私には質問しないで欲しい」ことを表していると解釈されます。このとき，「知らない」ことと「質問しないで欲しい」ことの間には因果関係が想定できることから，（18）は換喩表現と理解することができます。この文脈から，秘書の逮捕という窮地にあって，記者の質問には答えたくないと思いつつ，大臣という立場上，記者の質問を抑制するようなことは社会的に難しいゆえ，そのような文脈で，大臣が換喩的に「知らない」と発話した意図は，自己の社会的な面子を保ちながら，結果的に記者の質問を抑制することにあるわけです。ここでは，換喩が自己防衛的な効力を持つと分析でき，そのような意味で，対人関係の中で積極的に用いられる戦略的な用法と見ることができるのです。[10]

　もう一つ総理大臣に対する質問の例を挙げます。

（19）　記者：　衆議院の解散が取り沙汰されていますが，解散
　　　　　　　　のタイミングについて，どのようにお考えです

---

[10] 学校の教室でも，授業中に先生からの問いに対して生徒が「わかりません」というとき，心の内で「私を当てないでくれ」という心情から発せられることも少なくはないでしょう。

158

　　　　　　　　　　　か。

　　　総理：　適切な時期に適切に判断します。

記者が総理に「衆議院解散のタイミング」を質問しているのに対
し，総理の返事は「適切な時期」というものであり，いつのこと
かわかりません。見方を変えれば，どのタイミングであっても，
それが「適切な時期」というのであれば，具体的なタイミングは
「適切な時期」の一つですから，具体的なタイミングという下位
概念を「適切な時期」という上位概念に置き換えたことになりま
す。ここでは，〈ぼかし〉という操作が行われているわけですか
ら，提喩を使って記者の質問をはぐらそうとしたことになります。
さらに言えば，質問を受けている時点の「いま」は「適切な
時期」ではなく，したがって，「いまは判断しません」という意
味になっているとも解釈できます。

　なお，相手の質問から逃げたり言い訳したりするのに，〈文字
通りでない意味〉を用いるという対応は，実は一般の人にも見ら
れます。次の会話を見てください。

　(20)　先生：　昨日，合唱の曲について相談するよう言ってお
　　　　　　　　きましたが，決まりましたか。

　　　　児童：　昨日，みんなの都合がつかず集まることができ
　　　　　　　　ませんでした，

学校の先生と児童の会話として読むと，先生が，曲目を決めるよ
うにという前日の指示を守ったかどうか問うているのに対し，児
童は明示的に「決めた」か「決めなかった」かを直接的に答えて

いません。実際のところ，先生の指示通りにできなかったことが
読み取れるわけですが，児童の答えは「集まることができなかっ
た」ことだけを述べています。このとき「集まることができなか
った」こと自体を言いたいのではなく，そのために「決めるこ
とができなかった」という結果の部分を暗に伝えているものと解
釈できます。いわば「集まることができなかった」という原因
（理由）を表現することによって「決めることができなかった」と
いう結果を表しているわけで，原因（理由）から結果への換喩と
分析することが可能です。ここで重要なのは，換喩という分析の
答えではなく，言い訳するような場面では，直接的に述べること
を避けるために，〈文字通りでない意味〉を用いることは一般的
にあり得るという点です。いわば防衛本能的な比喩は，一般の人
でも無意識的に用いられることが分かると思います。

　以上，第4節では，ニュースの中で，よく意味が分からない
理由は，〈文字通りでない意味〉が意図されていることに一因を
見いだすことができることを見てきました。

第 6 章

話しことばにおける
〈文字通りでない意味〉の理解

　対人コミュニケーションにおける発話においても，〈文字通りの意味〉が〈文字通りでない意味〉に転義する現象が見られます。このとき，言語表現のレベルには発話者の意図や心情を読む力が必要になります。実際の対人コミュニケーションでは，発話者の意図や心情が〈文字通りでない意味〉に込められていることが多く，発話者の意図や心情を理解するために〈文字通りでない意味〉を読み取る力が必要になります。

1.　発話から意図を探る

　第1節では，発話から意図を探る試みを展開します。ここで「意図」というものを重視しようとしているのは，「意図の読み取り」が人間の言語学習における基盤とも言える重要な概念だからです。トマセロ（Tomasello (1999)）によると，言語は「パターンの発見」と「意図の読み取り」という二つの基本的な認知スキルによって習得されるといわれています。特に，他者の中にも意図があると想定し，他者の意図を理解することができる点で，ヒトは他の霊長類と決定的に異なり，他者の意図を理解することで言語や文化を成立させ，発展的に継承させてきたといいます。

　実際，話しことばでは，書きことば以上に〈文字通りでない意味〉の表現が多く見られます。書きことばに比べて，一時的な表現や即興的な表現の中に多いのが特徴です。たとえば，テレビのクイズ番組で，次のようなやりとりがあったとします。

(1)　司会者：　さあ，答えは，A と B の，どちらでしょう。

　　　解答者：　A ！

　　　司会者：　ウーン，正解！

(2)　司会者：　さあ，答えは，A と B の，どちらでしょう。

　　　解答者：　B ！

　　　司会者：　ウーン，残念！

(1) と (2) は，菅井（2003）でも挙げた例ですが，(1) のように解答者が正答したときは「正解」と言っているのに対して，(2) のように誤答だったときは「不正解」とか「間違いです」の代わりに，「残念！」と言う返事がしばしば見られます。言うまでもなく，「残念」という気持ちだけを表しているのではなく，それによって答えが間違っていることを暗示しているのですが，このとき「答えが間違っている」→「（だから）残念」という時間的な関係があり，後ろの「残念」で前の「間違っている」を表す換喩的な関係になっています。ここで考えて欲しいのは，なぜ「不正解」とか「間違いです」と言わずに，「残念」という言い方をしたのかということです。そこには，発話した人の何らかの〈意図〉があると考えなければなりません。この場合で言えば，直接「間違いです」と言うのを避けようとする意図を読み取ることが可能であり，直接的に「不正解」と言わない理由として，〈相手が望まないこと（相手にとって不利益になること）を直接言うのを避けたい〉という心理的要因が思い浮かぶことでしょう。

　では，一つ検討課題を挙げます。先生と児童生徒の会話において，先生が行った計算に間違いがあることを児童生徒が見つけた

164

とき，児童生徒の発話として次の A と B を比べてみてくださ
い。

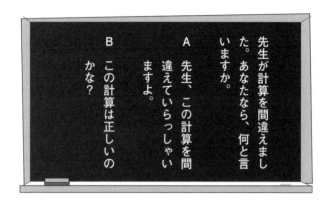

A は「いらっしゃる」という尊敬語が使われており，形式的には
敬意を含んだ表現になっているのに対し，B は敬語を含まない，
いわばタメ口の表現でありますが，全体から見ると，A より B
の方が適切のように感じられます。ここには相手の立場に対する
「配慮」が関わっており，A は先生の計算が間違っているという
判断を直接的に述べているのに対し，B は先生の計算が間違っ
ている可能性を間接的に示しているにすぎず，この点で，相手の
立場に配慮した言語行為と受け止められるからです。[1]

　では，次の四つの例を見てください。これを言った人は，どん
なことが言いたいのでしょう。

---

　[1] ここでいう「立場」は，言語研究の専門用語で「フェイス」と言います。
この点については，170 ページのコラムをご覧ください。

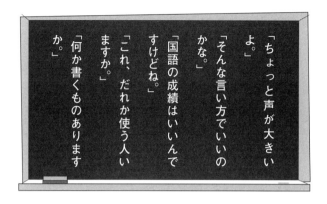

「ちょっと声が大きいよ。」

「そんな言い方でいいのかな。」

「国語の成績はいいんですけどね。」

「これ、だれか使う人いますか。」

「何か書くものありますか。」

最初の例は，単に相手の「声が大きい」という状態を伝えたのではなく，「声が大きい」から「もう少し声を小さくすること」を望んでいるという意図を読み取ることになります。このとき，「声が大きい」という〈文字通りの意味〉から「もう少し声を小さくして欲しい」という〈文字通りでない意味〉への転義は，理由と結果の関係にありますので，比喩の種類で言えば換喩にあたります。二つ目の例は，「そんな言い方でいいかどうか」を質問しているのではなく，「そんな言い方でいいかどうか」を問うことによって，「そんな言い方ではよくない」と思うなら，別の言い方に変える必要があることを求めていると解釈しなければなりません。三つ目の例で，「国語の成績はいいんですけどね。」と言った人は，どんなことが言いたいのでしょうか。単に「国語の成績が良い」と言っているだけではなく，「国語以外の科目」については「あまり良くない」ということが暗示されています。「国語以外の科目」については表面的には何も言っていないように見えて，実は間接的に「あまり良くない」と言っているというところが重

要です。4つ目に，「これ，だれか使う人いますか」というとき，
単に「使う人」がいるかどうか聞きたいというだけでなく，誰も
使わないのであれば，自分が使うか処分することを意図している
ものと解釈できます。最後の「何か書くものありますか」という
とき，「書くもの」というのは鉛筆やボールペンなどの筆記具の
ことであるとして，ただ筆記具があるかないかを質問しているの
ではなく，「もし持っているなら貸して欲しい」という意図を読
みとるのが自然ですし，多くの場合，私たちはそのように解釈し
ています。このような意図理解は，実は英語の学習でも発動され
なければなりません。

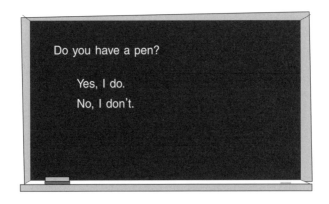

実際，英語で Do you have a pen? と言ったとき，相手の意図を
受け止めようとしなければ単なる持ち物検査になってしまいま
す。日本語で言えば「何か書くものありますか」という意味です
から，適当な筆記具を求めているという相手の意図を見いださな
ければなりません。したがって，Do you have a pen? という疑

問文に対する返答は，通常 Here you are.（はい，どうぞ）か，Sorry, I don't.（ごめんなさい，ありません）のようなものが自然であって，Yes, I do.（はい，持っています）や No, I don't.（いいえ，持っていません）のような機械的な返答は非常に不自然に聞こえます。ところが，英語の授業での会話練習において，Do you have a pen? という問いに対し，Yes, I do. とか No, I don't. という答えで練習をしているケースが，しばしば見られます。極端な例では，Do you have a pen? という問いに対し，Yes, I do. I have a pen in my pocket. I have a fountain pen, too.（はい，持っています。ポケットの中にあります。万年筆も持っています）のよう答えるダイアログもありました。このような漫画のような会話になるのは，Do you have a pen?（書くものありますか）という問いに対して，意図を読み取れていないからにほかなりません。日本語で「書き物ありますか」と言えば，「書くものを使わせてください」という意味を私たちは普段ほぼ無意識的に読み取っているでしょうし，子どもでも，ある程度理解することができるはずです。ただ，外国語学習の環境になったとき，その意図理解がうまく働いていないことが観察されます。その結果，機械的な情報伝達に終わってしまっているようです。

　発話の中に意図を見いだそうとする営みは言語獲得においても言語運用においても極めて重要であり，とりわけ言語獲得においては，そもそも発話の中に意図を見いだそうとする営みがなければ言語獲得は成り立たないと言われていますし，第二言語としての英語学習においても意識的に意図を読み取ることを前面に出す必要があるように思われます。

コラム

フェイス理論

　フェイス (face) というのは，Brown and Levinson (1987) がポライトネス理論 (politeness theory) の中で提唱した概念で，およそ「他人との間のメンツに関する欲求」ともいうものであり，個人から承認されたいとか踏み込まれたくないという欲求を指します。ポライトネス (politeness) とは，相互の立場を尊重するための言語的配慮であり，ポライトネス理論におけるフェイスには，「ポジティブフェイス (positive face)」と「ネガティブフェイス (negative face)」が仮定されています。「ポジティブフェイス」は「望ましい自己像を維持することへの欲求」であり，他者と親しくしたり他人から賞賛されたいという「プラス方向への欲求」をいいます。「ネガティブフェイス」は，「相手との距離をとり自己の行動の自由を保つことへの欲求」であり，他者に邪魔されたくないとか立ち入られたくないという「マイナス方向に関わる欲求」をいう。

　FTA (Face Threatening Act) というのは，（意図的でない場合を含めて）他者のフェイスを脅かすような行為をいい，ポライトネス理論では FTA を避けることが求められます。訳語としては「フェイス侵害行為」と呼ばれます。言語行為が FTA に相当するかどうかは文化によって異なり得ます。たとえば，日本語で学生が教員に向かって「今日の先生の講義は面白かったです」と言えば，ネガティブフェイスの侵害と受け止められる場合があるのに対し，英語で I enjoyed your lecture. と言えば，むしろ，ポジティブフェイスを守ることになり，褒め言葉として受け止められます。

物語読解とマインドリーディング

　マインドリーディング（mind reading）というのは，文字通りに解釈すると「マインド（＝心）をリード（読む）すること」という意味ですが，超能力でも読心術のような特殊テクニックでもなく，具体的な事実から他者の心情を理解するとともに，その行動と結びつけて予想する他者理解能力をいいます。

　物語読解と他者理解の関係を示した実験的研究の一つに，キッドとカスタノの共著論文（Kidd and Castano (2013)）があり，物語（特に文学的小説）を読むことで他者の内面を理解する能力が促進される結果が得られたといいます。Kidd and Castano (2013) が行った一連の実験のうち，第1の実験では，文学小説を読んだグループとノンフィクションを読んだグループに対して，他者の信念を読み取るテストと登場人物の心情を読み取るテストを行ったところ，他者の信念を読み取るテストでは差異がなかったのに対し，登場人物の心情を読み取るテストでは文学小説を読んだグループの成績の方が高かったとのことです。第2に，同様の実験を，文学小説を読んだグループと大衆小説を読んだグループに対して行ったところ，文学小説を読んだグループのほうが成績が良かったといいます。第2の実験において，文学小説と大衆小説で差異が認められたということは，単に物語を理解するという理由ではなく，文学小説に特有の理由があると考えなければなりません。その可能性として，大衆小説は，読むテキスト（readerly text）の特徴を持ち，（読者が）受け身に読むものなのに対し，文学小説は書くテキスト（writerly text）の特徴を持ち，（読者が積極的に参加して）意味を作り上げていく点に

170

差異があります。「読むテキスト」と「書くテキスト」というのは，ロラン・バルトが区別した概念であり，「読むテキスト」が，常識的な範囲で読んでいけば受動的に解釈が見えてくるタイプの作品をいうのに対し，「書くテキスト」は，読み手が自分なりに書き込んでいくような気持ちで能動的に解釈を求めながら読み進めるタイプの作品をいいます。Kidd and Castano（2013）による第2の実験において，「書くテキスト」的な文学小説を読んだグループの方が成績が良かったということは，能動的に解釈を求めながら読んでいくタイプの作品に多く接することが他者理解には効果があるということになります。

2. 発話から心情を探る

前の第1節では，発話から意図の読み取りを試みましたので，この第2節では，発話から心情を探る試みを展開します。

次の例で練習してみましょう。

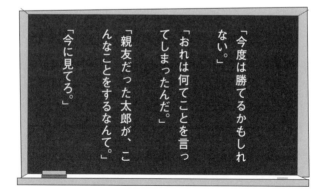

「今度は勝てるかもしれない」というとき，「今度は」と言っていますので，きっと前回はうまくいかなかった（勝てなかった）のではないでしょうか。そして，前回はうまくいかなかったものが，「今度」それとは違う結果になれば，それは嬉しいことですから，その結果に対して「期待している」という気持ちを読み取ることができます。表面的には「勝てる」可能性に触れているに過ぎませんが，「今度は」という句から「（前回勝てなかったのと異なり）勝てる可能性に期待している気持ち」を読み取ることができ，「後悔（悔やむ気持ち）」がうかがえます。二つ目の「おれは何てことを言ってしまったんだ」という台詞では，「言ってしまった」ことを振り返っているだけでなく，「残念な気持ち」や「後悔の気持ち」がうかがえます。三つ目の「親友だった太郎が，こんなことをするなんて。」では，「太郎」の行為に驚いていると同時に，その「太郎」が「親友」だったことから，「驚きながらも信じたくないと思う気持ち」が読み取れます。最後の「今に見てろ。」は，文字通りには相手に対して間接的に命令している発話ですが，相手に間接的な命令をするほど発話者自身に強い意志が生じているということであり，およそ「見返してやろうという気持ち」と解釈できます。

　上に挙げた発話は，聞き手を前提としないモノローグ（独り言）の形でしたが，次の例では，対人コミュニケーションの中で相手に対する感情と働きかけを読み取ることができます。

「何回言ったら分かるんだ！」というとき，この発話から「怒っている気持ち」に動機づけられて相手を叱責してことが分かりますし，「そんなこと急に言われても …」という発話からは相手の言語行為に対する困惑が読み取れるでしょう。

　身体動作と心情の間には経験的に直接的な関係が見られるため，比較的推論が容易であったのに対し，発話と心情の関係は一般的な規則や傾向によって推論するには難しいものがあり，むしろ個別の発話ごとに解釈を推論していく必要があるケースが多いのですが，その中にあって，次に挙げる例は，ある程度のパターン化が可能な例です。

「今日は、火曜日だったのか。」

「あ、私の番だった。」

　月曜日が祝日だったり，日曜日に祝日が重なって月曜日が振替休日になったりすると，日曜と月曜が連休になりますので，その次の日「今日は，火曜日だったのか。」と急に気づく経験はありませんか。あるいは，何人かでトランプなどのゲームをしていて，順番が自分に回ってきたとき「あ，私の番だった」と言ったりすることもありませんか。このような発話をするとき，それぞれ「今日は，火曜日だったのか」や「あ，私の番だった」の発話から，いずれも，「大事なことに気がついて，それを噛みしめる気持ち」という共通部分が抽出できます。このことを踏まえると，文学作品における次のような発話を扱うことが可能になります。

174

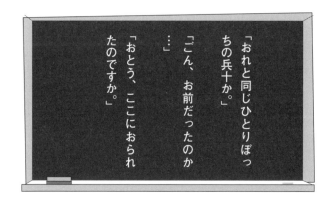

ここに挙げた三つの例のうち，最初の例と二つ目の例は，「ごんぎつね」（小学4年）という文学教材の一節で，いずれも，文末に「～だったのか」という形式を持っています。最初の例は，主人公「ごん」自身が「ひとりぼっち」であることを踏まえて，「兵十」という男性が自分と同じ境遇になったことで，兵十への共感の気持ちがにじみ出ていますし，二つ目の例では，兵十という男性が「ごん」に発砲した後に，それまで家宅に届け物をしてくれていたのが「ごん」であったことに気づいたときの戸惑いの気持ちが込められています。系統的な学習という観点から言えば，先述の「今日は，火曜日だったのか」や「あ，私の番だった」といった例で，「大事なことに気がついて，それを噛みしめる気持ち」という解釈を読み取ることを事前に学習しておけば，教科書本文からも文末の「～だったのか」というフレーズを手掛かりに，「共感」や「戸惑い」をしみじみと感じる気持ちを読み取ることは相対的に容易になることでしょう。三つ目の例は「海の命」（小学6年）という文学教材の一節で，主人公の少年が，父親の命を

奪ったクエという生物と対峙したときの独白です。この「おとう，ここにおられたのですか」という台詞に含まれる文末の「〜たのですか」というフレーズは，上述の「〜だったのか」という形式と完全に同じではないものの，類似した形式が類似した意味をもつことを指導者（教師）が示唆すれば，やはり，「大事なことに気がついて，それを噛みしめる気持ち」という解釈には自力で到達できるわけです。実際のところ，発話から心情を読み取るパターンを一般化することは実は難しいのですが，本節で取り上げたようなケースでは，ある程度のパターン化ができるのではないかと思われます。

　以上，第 2 節では，対人コミュニケーションにおける他者理解について〈文字通りでない意味〉という観点から読み取りの様相を提示しました。

　　☞ 発話から他者の心情を理解しようとする試みは，現実世界における実際の対人コミュニケーションだけでなく，物語読解において登場人物の発話（台詞）に基づく心情理解にも共通する。

3.　だんだん意味が離れていく

　ことばの意味が，一定不変ではなく，大胆に変化するということは第 3 章と第 4 章で具体的に説明しました。第 3 章と第 4 章で観察した現象は，A という意味から B という意味に変わるようなタイプでしたが，ここでは，程度が変わったり，YES と

NO が反対になったり，意味が希薄になったりする現象を取り上げます。

　まず，程度が変わる現象として，次のようにクイズにおける司会者と解答者の会話を見てください。

　(3)　司会者：　ブラジルの首都はどこですか。
　　　解答者：　ブラジリア
　　　司会者：　大正解！

このクイズにおいて，解答者のいう「ブラジリア」は「ブラジルの首都」ですから，クイズの解答としては正解です。したがって，普通に「正解です」といえば十分であるところ，司会者は「大正解」とコメントしています。この司会者のコメントは，実態よりも規模や程度を大きくして表現しており，これを修辞学では「誇張法」といいます。類例として，次のようなものがあります。

　(4)　軽い怪我を負っていますが，無事に救出され，病院に
　　　搬送されました。

この中で，怪我をしているのに「無事に救出された」というのは，矛盾しているようにも見えます。「無事」というのは，文字通りには「何事もない」ということですので，「軽い怪我」を「無事」と表現するということは，「軽い怪我」を「何もなかったこと」にしたという面で言うと〈誇張〉になりますし，「無事」という言葉の面からいうと，もともと「何事もない」という意味であったものが「ごく軽い状態」あるいは「ほとんど無視できる状態」という意味に転義したと考えることも可能です。

では，次の例はどうでしょう。

(5)　司会者：　ブラジルの首都はどこですか。

　　　解答者：　サンパウロ！

　　　司会者：　ちょっと違います。

このときの解答者のいう「サンパウロ」は，ブラジル国内では最大の人口を持ちサンパウロ州の州都ではありますが，「ブラジルの首都」かどうかといえば，ブラジルの首都ではありません。その意味で，解答者の答えは「完全に不正解」なのですが，司会者は「ちょっと違います」とコメントしています。この司会者のコメントは，実態よりも規模や程度を弱くして表現しており，これを修辞学では「緩徐法」といいます。

　同様のことは次の例にも言えます。

(6)　A:　トリニダード・トバゴ共和国の文化について教えてください。

　　　B:　ちょっと分かりませんねえ。

この中で，Aさんの質問に対して，Bさんは「ちょっと分かりません」と言っていますが，本当に分からないのは「ちょっと」だけでしょうか。もちろん，ある程度のことを知っていて，「分からないのはちょっとだけ」なのかもしれませんが，実際，もしトリニダード・トバゴ共和国の文化について，ほとんど知らない場合には何と答えるでしょうか。正直に，「ほとんど分かりません」とか「まったく分かりません」と言う人もいるでしょうが，悪気無く「ちょっと分かりません」ということもあるのではない

178

でしょうか。では，トリニダード・トバゴ共和国の文化について
ほとんど知らない人が「ちょっと分かりません」と言ったとき，
その人は嘘を言っているのでしょうか。こうした誇張法や緩徐法
は，嘘というより，一つの慣習的な語法という方が妥当かと思い
ます。

　さらに，「転義」という観点から言うと，発話に見られる転義
のうち，究極の転義とも言えるのが「意味の反転」です。「意味
の反転」ということは，意味が全く反対の意味に変わるというこ
とで，YES が NO に変わるということです。そのようなことが
あるのでしょうか。次の例をご覧ください。

(7) a.　もう一回言ってみろ！
　　b.　嘘つけ！

(7a) の「もう一回言ってみろ」というのは，形式的には「もう一
回言う」ことを求める表現ですが，実際は，「もう二度と言うな」
という意味ですから，肯定から否定に反転しています。同様に，
(7b) の「嘘つけ」というのも，形式的には「嘘をつく」ことを命
令している表現ですが，実際「嘘をつくな」という禁止を述べて
いるわけですから，やはり，肯定から否定に反転していることに
なります。[2]

---

　[2] 意味の反転という現象に関して言うと，歴史的な変遷を含む現象ですの
で気付きにくいかもしれませんが，「留守」という語は，かつては逆の意味で
した。現在，「留守」といえば「家を不在にすること」を指しますが，歴史的
には「家の人が不在のときに，その家を守ること」をいい，現在とは逆に，別
の人が「（家に）居ること」を指す語でした。だからこそ，「留守番」は「家に

　最後に，意味が希薄になる現象を取り上げます。日本語では，朝の挨拶に「おはよう」と言いますが，元の「お早く（からご苦労さまです）」のような形から「おはよう」に変化したものですので，本来なら「早く」なければ「おはよう」ではないはずなのに，昼前になっても「おはよう」と言う人もいますし，業界によっては，一日中どの時間でも「おはようございます」を使うこともあるようです。こうした事実を見ると，「おはよう」の中の「早く」は，意味を失いかけていると言ってもいいほどで，専門用語でいう「希薄化」が起こっている状態にあります。[3]

　さらに，これよりもう一つ上の技法に「アイロニー」と呼ばれる修辞法があります。アイロニー（irony）は，日本語で「皮肉」とも訳されますが，表向きは良い意味なのに，それによって実質的に悪い意味を表すものです。たとえば，運動会の日に雨が降ったとき「今日は良い天気になりましたね」のようなものがアイロニーです。上に挙げた（7）の例のように，〈文字通りの意味〉が全く反対の〈文字通りでない意味〉になる現象に加え，暗に相手に対する批判が含まれるところに特徴があります。

　（8）　A：　ブラジルの首都はサンパウロだよね

居て守る（＝留守する）役」であって，「家に居ない役」ではないわけです。そうすると，元々の「家に居ること」の意味から，現在の「家に居ないこと」の意味に変わったということですから，反転に近い転義が起こったと言うことができます。

　[3]「お早く（からご苦労さまです）」のような表現は，歌舞伎の世界で，先に楽屋入りした人への挨拶だったという説もあり，それによると，元から「朝の早さ」に限ったことではない可能性もあり，むしろ，最初から一日中いつでも使える表現だったとも言えます。

　　　B:　何でも知っているんだね。

　ブラジルの首都はブラジリアですから，サンパウロというのは間違っており，A の人はブラジルの首都を知らないで発話したとします。それに対して，B の人が「何でも知っているんだね」というのは，事実に反することになります。このとき，B の人が「サンパウロ」という答えが間違っていることを承知の上で「何でも知っているんだね」と言ったとすれば，嘘を言っているとも言えますが，相手を騙すつもりはなく，むしろ，A の人の間違いを誤魔化そうとしているとも言えるわけです。そうすると，アイロニーは，必ずしも意地悪な表現ではなく，人に自覚を求めたり，批判的な内容をオブラートに包む効果もあるわけです。また，学校を場面にした用法では，なかなか教室が静かにならないとき，「さすが 6 年生ですね。すぐにおしゃべりが止まりましたね」というようなものもアイロニーにあたります。いずれの場合でも重要なのは，アイロニーが理解されるためには，現実と言語表現のギャップに気がつくことであり，表面的な〈文字通りの意味〉と目の前の現実が本当は異なることを見抜くことができるかという真偽の鑑識眼に帰着されるわけです。[4]

---

　[4] ここでいう「現実と言語表現のギャップ」というのは，河上誓作（2018）が提示した「外観認識と実体認識の反対関係的な偽の構造」というアイロニーの成立条件を平明に言い換えたものであり，「外観」としてのアイロニー表現が「実体」としての現実と反対関係にあることを指している。また，定延利之・松本恵美子（1997）は，アイロニーの定義にプロトタイプ的なアプローチを採っており，分かりやすく言い換えると，典型的なアイロニーは，表層的には協力的（好意的）のように見せながら意図的にはくだらないことを言っているという階層構造を持つといいます。なお，辻大介（1997）は，アイロニー

　このような大胆な転義現象に関連して，元々の意味が希薄化する一方で，人間関係を継続するためのつなぎとして用いられることがあります。

　(9)　A:　どこへ行きますか。
　　　　B:　ちょっとそこまで。

この会話では，A が相手の行き先を尋ねているのに対し，B の返答は「ちょっとそこまで」のような漠然としたもので，A に対して実質的に何の情報も与えていません。そもそも，A にとっても，本当に B の行き先を知りたくて聞いたのか，曖昧のようにも思われます。そうすると，A も B も，実質的な意味を含んでいないと言ってもいいほどです。それでも，この会話が成り立つとすれば，情報の伝達という実務的な理由によるものではなく，言葉を交わすこと自体に目的があると考えるのが自然でしょう。このように，実質的な意味を含まなくても，言葉を交わすこと自体を目的とする言語表現をファティック表現といいます。「ファティック」に日本語の用語をあてれば「交話」と訳されます。金田一秀穂（2003）が言うには「文脈の中で実質的な意味をもたないものの，発話者同士がつながっていることを確認させる表現」のことです。「いい天気ですね」とか「寒くなりましたね」のような軽い挨拶のほか，手紙の冒頭に書く時候の挨拶もファ

に認められる本質的な特徴の一つとして「非対称性」を挙げています。非対称性というのは，アイロニーは単に「反対の意味」を表すというだけでなく，悪い意味を表すのに良い意味の表現を使うという方向性があり，その逆はないということです。

ティックの例にあたります。いずれも，伝えるべきメッセージ性に乏しく，発すること自体に意味がある言語表現（言語行動）です。

次の例を見てください。

(10) a. 今日も新幹線をご利用くださりありがとうございます。

　　 b. 今後ともよろしくお願いします。

(10a) では「今日も」と言っていますが，それほど頻繁に新幹線に乗車するわけでもなく，初めて乗った人にも「今日も」というのは，本来の意味か希薄化しているということができます。(10b) も非常に抽象的で，実際，「今後とも」という時間設定も「よろしくお願いします」の内実も漠然としており，具体的に何か依頼しているというより，形式的に文章（または談話）全体を整えているというのが本当のところでしょう。[5]

　以上，第3節では，本来の意味から離れるという観点から，意味誇張法，緩徐法，アイロニー，意味の反転，ファティックを取り上げました。

---

　[5] 子安増生 (2007) によると，比喩（メタファー）もアイロニーも，第1章のコラム「心の理論と誤信念課題」(24ページ) で紹介した「心の理論」との関係でも研究されています。比喩（メタファー）もアイロニーも，他者の心を理解するという点で共通する一方，比喩（メタファー）の理解が一次的誤信念課題に対する理解力を必要とするのに対し，アイロニーが一次的誤信念課題に対する理解力と二次的誤信念課題に対する理解力を必要とするという点で，子どもにとっては，メタファーよりもアイロニーのほうが理解における難易度が高いと言えます。

☞ 表面的な〈文字通りの意味〉が目の前の事実と違っていて
も，そこから〈文字通りでない意味〉を見いだす力が必要
であり，その前提として，「相手は〈文字通りの意味〉で
ないことを言おうとしている」という相手の意図を予想で
きなければならない。

コラム

ことばと事実のギャップを見抜く力

　以前，テレビのバラエティー番組で，あるアパートの物件
に「霊能者」と呼ばれる人を出演させ，その物件で，かつて不
慮の事故で亡くなった人の様子を感じ取って欲しいと依頼す
る企画がありました。ところが，実際には，その物件では何
も事故などは起こっておらず，極々平凡な物件だったのです
が，霊能者がどのように反応するかを試そうとする番組でし
た。番組では，霊能者と呼ばれる人が，架空の「亡くなった
人」について淡々と話し始めるという展開になったのですが，
本来なら，その霊能者さんは，たとえ言葉のレベルで「事件
があった」と言われても，「本当に事件があった」かどうかを
見抜くことができなければならなかったはずです。このよう
な力が，〈言葉と事実のギャップ〉を見抜く力なのです。

コラム

うそとアイロニー

　事実を正しく述べていないという点で，「嘘」と「アイロ
ニー」は共通点がありますが，「嘘」と「アイロニー」は発話

の意図が異なります。武内道子 (2014) が言うように,「嘘」
は聞き手に発話の内容を信じて欲しいという意図で発するの
に対し,「皮肉」は聞き手に発話の内容が事実でないことに気
づいてほしいという意図をもちます。また,実は言語研究に
おいて「嘘」には定義があり,G. レイコフ (Lakoff (1987))
というアメリカの研究者が「嘘」の条件として次の三つを設定
しています。

(ア)　内容が事実でない
(イ)　事実でないということを知って言っている
(ウ)　相手を騙そうと思っている

レイコフによれば,「嘘」にもいくつかの段階があり,(ア) だ
けの嘘より (ア) 〜 (ウ) の三つを満たす「嘘」の方が「嘘ら
しい嘘」と分析されます。実際,(ア) だけでは嘘にならない
こともあります。単なる勘違いであれば「嘘」とは言えないか
らです。(ア) と (イ) の二つを満たすとき,たしかに「嘘」で
はありますが,悪意のない場合もあります。「太陽が昇る」と
言うとき,天文学的に「太陽」は昇ったり沈んだりしないもの
であり,地上にいる人間にとって「太陽が昇るように見える」
に過ぎませんので,たしかに,(ア) 内容が事実でなく,(イ)
事実でないということを知って言っていることの二つの条件
を満たしていますが,批判されるような嘘ではないと言える
でしょう。決して,(ウ) 相手を騙そうと思ってはいないわけ
ですので,少なくとも狭義の嘘にはならないということにな
ります。「最も嘘らしい嘘」というのが (ア) (イ) (ウ) のす
べてを満たす嘘で,これが「典型的な嘘」であるとレイコフは
分析しています。ただ,英語で white lie と呼ばれる例もあり
ます。「罪のない嘘」とも訳されますが,たとえば,重篤な病

気になった人に，「大丈夫だよ，すぐ元気になるよ」というの
は，（ア）と（イ）の二つを満たし，ある意味で，病気の人を
騙している点で，（ウ）も満たしていますが，決して悪質とは
言えません。このように，相手の気持ちに配慮するための事
実に反することをいう嘘を松井智子（2013）は「優しいうそ」
と呼んでいます。

おわりに
──卒業した後にも必要な国語力を子どもたちに──

　本書では，小学校の国語科で学習する内容を，どうしたら将来的に実社会の中で役に立つものにすることができるかを検討してきました。そこで注目したのが〈文字通りでない意味〉を読む力です。〈文字通りでない意味〉を読む力とは，書いてある通りの意味でない意味を読み取るということでした。〈文字通りでない意味〉は，物語文における登場人物の心情理解だけでなく，日常生活での一般的な言語表現や現実社会での対人的なコミュニケーションのほか，報道の表現などにも見られるものであり，本書が〈文字通りでない意味〉を取り上げるのも，これが一般社会での生活に広く通用する汎用性の高い原理であるからにほかなりません。そのような観点から，本書では，〈文字通りでない意味〉というものが，教科書の中でどのように現れているかを考えるとともに，一般社会の中でどのように使われているかを併せて考えることで，学びに広がりをもたせようと努めたつもりです。小学校の国語科で習ったことが卒業後の実社会で何の役に立つかという問いに対する 1 つの契機となれば幸いです。

　小学校の国語の授業で習ったことは，社会に出たとき一体どのように役立つだろうかと思う人は少なくないでしょう。とりわけ，物語読解において登場人物の気持ち（心情）を考えることが，社会生活にどのように役に立つのかを具体的に答えられる先生も少ないでしょうし，そもそも登場人物の気持ちを読み解く明確な

解法を小学校で習ったという人も，ほとんどいないのではないでしょうか。こうした背景を踏まえて，一般社会の中に学校があるという観点から国語科教育の内容を再検討し，直接的に書かれていない意味を読む力を高めることで，物語読解における心情理解に現実的な汎用性を持たせる可能性を探ろうというのが本書の狙いでした。もっとも，本書では，もっぱら読解（読むこと）に関する内容に終始しましたので，表現（書くこと）についても建設的なプログラムを構築していかなければなりませんが，また，稿を改めて何らかの形でお示しできればと思っております。

参 考 文 献

Alderson, J. Charles (2000) *Assessing Reading*, Cambridge University Press, Cambridge.

Alexander, P. A. and T. L. Jetton (2000) "Learning from Text: A Multidimensional and Developmental Perspective," *Handbook of Reading Research*, Vol. III, 285-310, Lawrence Erlbaum, Mahwah, NJ.

新井紀子 (2019)『AI に負けない子どもを育てる』東洋経済新報社，東京.

Brown, P. and S. C. Levinson (1987) *Politeness: Some Universals in Language Usage*, Cambridge University Press, Cambridge.

大坊郁夫 (1998)『しぐさのコミュニケーション──人は親しみをどう伝えあうか』サイエンス社，東京.

Gernsbacher, M. A., H. H. Goldsmith and R. R. W. Robertson (1992) "Do Readers Mentally Represent Characters Emotional States?" *Cognition & Emotion* 6, 89-111.

Hall, E. T. (1966) *The Hidden Dimension*, Doubleday, New York.［日高敏隆・佐藤信行（訳）(1970)『かくれた次元』みすず書房, 東京.]

Halliday, M. A. K. and R. Hasan (1976) *Cohesion in English*, Longman. London.［安藤貞雄・永田龍男・高口圭転・多田保行・中川憲（訳）(1997)『テクストはどのように構成されるか──言語の結束性』ひつじ書房，東京.]

橋本巌・丸野俊一 (1985)「他者感情の推論過程の分析──物語における人物の相互作用について」『九州大学教育学部紀要（教育心理学部門)』第 30 巻第 1 号，111-125.

畠弘己 (1980)「文とは何か──主題の省略とその働き──」『日本語教育』第 41 号，198-208.

平林秀美・柏木惠子 (1990)「他者の感情を推論する能力の発達」『発達研究：発達科学研究教育センター紀要』第 6 巻，71-85.

井上一郎（1993）『読者としての子どもと読みの形成』明治図書出版，東京.

岩井奉信（1985）「選挙予測とその影響」『ジュリスト増刊総合特集』No. 38, 140-144.

Jakobson, R. (1956, 1980) "Metalanguage as a Linguistic Problem," *The Framework of Language* (Michigan Studies in the Humanities), 81-92, University of Michigan, Ann Arbor.

河上誓作（2018）『アイロニーの言語学』鳳書房，東京.

Kidd, David Comer and Castano, Emanuele (2013) "Reading Literary Fiction Improves Theory of Mind," *Science*, Vol. 342, Issue 6156, 377-380.

金田一秀穂（2003）『新しい日本語の予習法』角川書店，東京.

子安増生（2007）「『心の理論』とメタファー・アイロニー理解の発達」『メタファー研究の最前線』，楠見孝（編），61-80，ひつじ書房，東京.

子安増生・西垣順子（2006）「小学生における物語文の読解パターンと「心の理論」の関連性」『京都大学大学院教育学研究科紀要』第 52 号，47-64.

子安増生・西垣順子・服部敬子（1998）「絵本形式による児童期の〈心の理解〉の調査」『京都大学教育学部紀要』第 44 号，1-23.

Lakoff, G. (1987) *Women, Fire, and Dangerous Things: What Categories Reveal about the Mind*, University of Chicago Press, Chicago. ［池上嘉彦ほか（訳）（1992）『認知意味論』紀伊国屋書店，東京.］

Langacker, R. W (1993) "Reference-point Constructions," *Cognitive Linguistics* 4(1), 1-38.

松井智子（2013）『子どものうそ，大人の皮肉——ことばのオモテとウラがわかるには』岩波書店，東京.

松崎正治（2000）「感受性を豊かにし想像力を育てる」『文学を豊かに読み味わう学習指導：「読むこと 3」』，「生きてはたらく国語の力を育てる授業の創造」刊行会（編），272-277，ニチブン，東京.

三上章（1960）『象は鼻が長い——日本文法入門』くろしお出版，東京.

望月善次（2000）「『想像力』明示化のための試み——鶴田清司の〈解釈〉〈分析〉を手掛かりとして——」『文学を豊かに読み味わう学習指導：

「読むこと 3」」、「生きてはたらく国語の力を育てる授業の創造」刊行会 (編)、284-289、ニチブン、東京.

籾山洋介 (1997)「慣用句の体系的分類——隠喩・換喩・提喩に基づく慣用的意味の成立を中心に——」『名古屋大学国語国文学』第 80 号、29-43.

籾山洋介 (2002)『認知意味論のしくみ』研究社出版、東京.

Peirsman, Yves and Dirk Geeraerts (2006) "Metonymy as a Prototypical Category," *Cognitive Linguistics* 17, 269-316.

Russell, David H. (1951) "Reading as Communication," *Childhood Education* 27, 274-277.

定延利之・松本恵美子 (1997)「アイロニーとコミュニケーション・チャネル」『コミュニケーションの自然誌』、谷泰 (編)、295-330、新曜社、東京.

酒井邦嘉 (2011)『脳を創る読書』実業之日本社、東京.

佐藤信夫 (1992)『レトリック認識』講談社、東京.

Schweickart, P. (2008) "Understanding an Other," *New Directions in American Reception Study*, ed. by P. Goldstein and J. L. Machor, 3-22, Oxford University Press, Oxford.

瀬戸賢一 (1997)『認識のレトリック』海鳴社、東京.

清水佳子 (1995)「『NP ハ』と『φ (NP ハ)』——文連続における主題の省略と顕現——」『日本語類義表現の文法 (下) 複文・連文編』、647-654、くろしお出版、東京.

菅井三実 (2003)「概念形成と比喩的思考」『認知言語学シリーズ 第 1 巻 認知言語学への招待』、辻幸夫 (編)、127-182、大修館書店、東京.

菅井三実 (2015)『人はことばをどう学ぶか——国語教師のための言語科学入門——』くろしお出版、東京.

菅井三実 (2020)「〈文字通りでない意味〉の観点から見た物語読解と対人コミュニケーション」『ことばから心へ——認知の深淵——』、米倉よう子・山本修・浅井良策 (編)、375-396、開拓社、東京.

高木まさき・森山卓郎 (監修) (2016)『気持ちを表すことば (光村の国語　この表現がぴったり！にていることばの使い分け <1>)』光村教育図書、東京.

武内道子 (2014)「うそと皮肉はどう違うか——ことばの使用からこころ

をみる」『神奈川大学人文学研究所報』第 52 巻，1-17.

Tomasello, M. (1999) *The Cultural Origins of Human Cognition*, Harvard University Press, Cambridge, MA. ［大堀壽夫・中澤恒子・西村義樹・本多啓（訳）(2006)『心とことばの起源を探る』勁草書房，東京.］

辻大介 (1997)「アイロニーのコミュニケーション論」『東京大学社会情報研究所紀要』第 55 号，91-127.

辻幸夫・菅井三実 (2006)「戦略的比喩と発話行為——予備的考察——」『教養論叢（慶応義塾大学法学研究会）』第 125 号，63-71.

内田伸子 (1994)『想像力——創造の泉をさぐる』講談社，東京.

Whorf, B. L. (1956) *Language, Thought and Reality: Selected Writings of Benjamin Lee Whorf*, edited and with an introduction by John B. Carroll, MIT Press, Cambridge, MA. ［池上嘉彦（訳）(1993)『言語・思考・現実』講談社学術文庫，東京.］

Winner, Ellen (1988) *The Point of Words: Children's Understanding of Metaphor and Irony*, Harvard University Press, Cambridge, MA. ［津田塾大学言語文化研究所読解研究グループ (2011)『ことばの裏に隠れているもの：子どもがメタファー・アイロニーに目覚めるとき』ひつじ書房，東京.］

山元隆春 (2000)「想像しながら豊かに読むことの評価」『文学を豊かに読み味わう学習指導：「読むこと 3」』，「生きてはたらく国語の力を育てる授業の創造」刊行会（編），314-319, ニチブン，東京.

索　引

1. 事項と教材名に分け，五十音順で並べている。
2. 数字はページ数を示し，n は脚注を表す。

194

教材名

菅井　三実　（すがい　かずみ）

　岐阜県中津川市出身。名古屋大学大学院文学研究科博士課程中退，現在，兵庫教育大学大学院学校教育研究科教授。専門は，現代日本語学・認知言語学。

　主な著書に，『認知言語学への招待』（共著，大修館書店，2003 年），『国語からはじめる外国語活動』（共著，慶應義塾大学出版会，2009 年），『語・文と文法カテゴリーの意味』（共著，ひつじ書房，2010），『英語を通して学ぶ日本語のツボ』（単著，開拓社，2012 年），『人はことばをどう学ぶか—国語教師のための言語科学入門—』（単著，くろしお出版，2015 年），『認知言語学大事典』（共編，朝倉書店，2019 年）など。

社会につながる国語教室
　—文字通りでない意味を読む力—　　　＜開拓社 言語・文化選書 92＞

2021 年 9 月 5 日　　第 1 版第 1 刷発行

著作者　　菅 井 三 実
発行者　　武 村 哲 司
印刷所　　日之出印刷株式会社

発行所　　株式会社　開 拓 社
〒112-0013 東京都文京区音羽1-22-16
電話　（03）5395-7101（代表）
振替　00160-8-39587
http://www.kaitakusha.co.jp